A Glossary of French Literary Expression

A Glossary of

French Literary Expression

JAMES REDFERN

Harvard University

 Harcourt, Brace & World, Inc.

New York | Chicago | San Francisco | Atlanta

Preface

This book is intended for the student of French who is beginning to write compositions on literary selections he is reading. It assumes a sound knowledge of basic French grammar (including the literary tenses) and enough experience in reading French to be able to use a standard dictionary, if needed, to get at the meaning of these entries. It has been compiled with a second-year college French class in mind, but could be used in first year with a really strong group. In addition, it can be used on any level as a reference.

Its purpose is to present the elements of a basic critical vocabulary in contexts which can serve as models of expression for the student's own ideas. It is hoped that having entries *in context*—that is, in a complete sentence or word grouping—will lead the student to correct phrase structure by analogy and introduce a greater variety of expression, while generally discouraging the formation of English-type sentences.

A work of this size obviously is not exhaustive, but this one does contain, among other things, virtually all the entries listed in the *Vocabulaire d'initiation à la critique et à l'explication littéraire*, published in Paris by the Ministère de l'Education Nationale. Vocabulary items listed there have subsequently been illustrated with examples taken from literary journals, weeklies, books, reference works, and other texts by prominent French critics and well-known writers, past as well as present. Closely related words, expressions, and certain definitions also are to be found beside the literal listings. This makes readily available to the student the thoughts and observations of eminent men of letters, as expressed in their own words. Included additionally are pertinent quotations and proverbs by means of which the student's ideas might be illustrated or further stimulated and developed. At the end of the alphabetical listings is appended a list of names of important writers, chiefly French, along with adjectives formed from their names, where such adjectives exist—*Rimbaud: une évocation rimbaldienne.*

There is nothing here about how to structure a composition, organize and present ideas, or set forth conclusions; these basics are taken for granted. Students who are interested in techniques of the French *dissertation* or *explication de texte*, or who desire additional guidance in literary terminology, will find useful references listed at the end of the book.

Among those who have made suggestions helpful to the progress of this book I should like to thank Thomas Bugos, Frank Casa, Pierre Cintas, Richard Ferland, Hugo Montero, Susan Parsons, Annie Ross, and Hadley Wood. I want especially to express my gratitude to Ellen d'Alelio and Harold L. Smith, Jr., who read the entire manuscript and made numerous observations which have substantially improved certain portions of it.

James Redfern

To the student: how to use the glossary

The purpose of this book is to help you write better compositions in French. As soon as you pass from basic grammar into elementary reading, you need a much expanded vocabulary if you are to write something pertinent and interesting about the poem, play, or story you are reading. The basic vocabulary needed for literary composition is presented here, but unlike most dictionaries, which tend to give words in isolation, this glossary illustrates each word for you in whole clauses or sentences. Given such models to refer to, you can quite readily contrive sentences of your own to suit individual purposes, and the result will be an improved piece of work, free of many grammatical errors and expressed in a way a more experienced writer might have chosen. There is no need to use incorrect prepositions, wrong verbs, inappropriate adjectives, or English-type phraseology, if the models here are carefully examined and followed.

To learn how to use this glossary, the following illustrations will be helpful:

ENTRIES

Main entries present the featured word in boldface. Subentries do not normally contain words in boldface:

analysis

> Son **analyse** est fine, souvent ingénieuse...
>> (detailed) Cette étude exhaustive comprend une analyse très détaillée du mouvement.

GENDER OF NOUNS

The gender of a noun is given in parentheses, when it is not otherwise signalled in the entry:

friendship

    C'est un livre consacré à l'**amitié** (f.).

function

    (n.) Ils ont chacun leur **fonction** sociale.

future

    (n.) Quel sera l'**avenir** de ce théâtre?

Note that **sociale** shows that **fonction** is feminine, and **Quel** reveals that **avenir** is masculine.

PARTS OF SPEECH

Using the above examples, observe that **function** and **future** are identified as nouns by the sign (n.). **Friendship** is not so identified because it can be nothing else, whereas **future** could be also an adjective (a.), and **function** might also be a verb (v.). Throughout the glossary, this sort of identification-where-necessary is used.

VERBS

The infinitive form plus preposition, where necessary, is given in parentheses at the end of main entries, unless the infinitive happens to be used in the body of the entry. If a verbal phrase is used, infinitive plus ellipsis is given, rather than the entire expression:

resist

    Il **a résisté aux** attaques de son adversaire.   (résister à)

define

    Pour **définir** l'extrême liberté du dialogue...

confront

    Le héros **fait face à** des valeurs absolues.   (faire...)

CONTEXT

Make it a point to observe not only the boldface word you are seeking but also the context in which it occurs:

dilemma

> On se trouve tout de suite devant un **dilemme**...

You could find **dilemme** in any French dictionary. The value of the glossary is that you know, by observing the surrounding structure, that the idea of 'facing a dilemma' is, in French, **se trouver devant un dilemme**. This gives you the noun, its gender, the correct preposition, and the commonly used verb, all assembled in the proper order.

Just because two equivalents of an English word are given does not mean they can be freely interchanged. Such may be possible, but be sure you know the sense of the entry before making such replacements:

act

(v.) Cet acteur a cessé de **jouer**.

> Pourquoi un personnage **agit**-il de telle façon? (agir)

Here **jouer** means 'act (on the stage)' and **agir** means 'act (behave)'—hence they would not be interchangeable.

QUOTATIONS

You will find a number of quotations, scattered throughout the glossary, which give a celebrated person's observation on the concept in question. They are meant in part to serve as models, but their chief value is that they can stimulate your own ideas. Experienced French critics make use of quotations to give support and dimension to their arguments. Too many quotations will of course detract from your composition, but an occasional one, aptly chosen, can enhance its overall effect.

CONVENTIONS

Parentheses enclose an infinitive (dépeindre), part of speech (v.), gender (m.), and the sense in which an entry is to be taken—**condition (human)**. Brackets signal a cross-reference—**conflict** [> struggle]—where the sign > means 'see also'. As already mentioned, the word being defined or illustrated normally appears in boldface; in the original source the word was not thus emphasized.

DEVELOPMENT OF YOUR SKILLS

In addition to practice in writing French, a good way to improve your abilities in literary composition is to become a habitual reader of critical articles and reviews in whatever French books, journals, magazines, and papers are available to you. As you read, be on the alert for interesting ways of expressing critical judgment, make note of neologisms and adjectives referring to new literary schools or movements, and keep a list of expressions you might put to use in future explications.

Literary expression in French is a worthwhile goal, to be achieved by perseverance and patience. If this glossary assists you along the way, it will have achieved its purpose.

A Glossary of French Literary Expression

abandon

(v.) L'entreprise **a été abandonnée.** (abandonner)

Il **a délaissé** la poésie vers 1600. (délaisser)

Il **se détourna de** la vie active. (se détourner de)

Mallarmé dut **renoncer au** théâtre faute de pouvoir concevoir un personnage différent de lui-même. (renoncer à)

ability

Ionesco garde son **pouvoir** d'inquiéter et de surprendre.

able [> capable]

Le dramaturge sera donc **en mesure d'**aborder librement les thèmes majeurs.

Ses origines le mettaient **à même de** goûter sans effort la beauté de...

abound

Souvent sa critique **abonde** en observations d'ordre technique. (abonder)

above-quoted

Les nombreux textes **plus haut cités**...

D'après les exemples **ci-dessus**...

abridged

Quelques contes sont **abrégés** dans leur conclusion.

absolute

(n.) L'action serait alors jugée plus proche de l'**absolu** (m.) que la littérature ou l'art.

(a.) Le sens **propre** de ce mot est à éviter ici.

absorbing

Après avoir relu ce roman **passionnant**...

abstain

Le poète **s'abstient** volontairement **de** nous rien livrer de ses émotions intimes. (s'abstenir de)

Je **me passe de** citer davantage. (se passer de)

abstract

(a.) Le sens peut être plus **abstrait** ou plus concret.

La vertu essentielle d'une œuvre d'art, c'est qu'elle signifie par elle-même, sans faire appel à des concepts **abstraits**.

« Combien de gens se font **abstraits** pour paraître profonds. » —Voltaire

abstraction

Il se perd tout de suite dans les **abstractions** (f.).

absurd

(a.) L'homme **absurde** est celui qui conçoit le tragique de sa condition.

abundance

Il constate l'**abondance** singulière des analogies.

accent

(n.) Il nous est impossible de résumer ces pages sans abîmer l'**accent** simple et familier d'une narratrice qui possède à merveille le don de conter.

Cette syllabe est sans **accent**.

accept

L'intelligence humaine doit **accepter** les outils du langage.

Si l'on **adopte** la thèse de ce critique... (adopter)

accessible

L'absolu n'est pas **accessible** à l'entendement humain.

Cette poésie n'est pas cependant **d'un accès aisé**.

accompany

Cette élégance désinvolte **s'accompagne d'**une vigueur singulière. (s'accompagner de)

accomplished

L'œuvre la plus **accomplie**, et la plus attachante...

C'était un écrivain **achevé**.

account

(n.) L'**exposé** (m.) de cette doctrine...

Voici enfin une **relation** complète et équilibrée.

accuracy

Cette étude ne manque pas d'**exactitude** (f.).

accurate

Il fait preuve d'une intuition remarquablement **juste** de l'âme allemande.

achieve

Entre cet idéal et les œuvres que le poète **a** effectivement **réalisées**, il y a une grosse différence.   (réaliser)

acrostic

On trouve l'**acrostiche** (m.), petite poésie où chaque vers commence par une des lettres du mot pris pour sujet, dans le *Testament* de Villon.

act

(n.)   C'est une pièce en trois **actes** (m.).

(v.)   Cet acteur a cessé de **jouer**.

Pourquoi un personnage **agit**-il de telle façon?   (agir)

La légère irrégularité des vers **agit** comme un frein.

action

L'**action** consiste dans l'issue d'une situation, ou plus exactement dans le passage d'une situation à une autre.

Dans certaines œuvres, il y a primauté de l'**action**.

Il veut que l'**action** soit simple, vraisemblable, réduite au jeu naturel des sentiments.

Ce roman est sans **événements**.

Dumas insuffle à ses œuvres la vie et le **mouvement**.

(absence of)   Comment analyser le sujet d'un livre dont l'action se réduit à rien?

(*vs.* dialogue)   « Ne mettre en récit que les choses qui ne se peuvent passer en action. » —Racine

(fast-moving)   La rapidité de l'action...

(handling of)   L'action y était savamment conduite.

(*vs.* ideas)   Les héros de Malraux s'intéressent aux actes plus qu'aux doctrines.

(purpose) Le but de l'action n'est pas le mouvement, le but de l'action est de former et d'affirmer la personnalité.

(unfolding) Nous trouvons l'action se déroulant en tableaux.

(violent) L'action se passe en divers endroits et se traduit généralement en violence et en combats.

actor

Les **acteurs** recherchent la vérité des gestes et des intonations, et exploitent les ressources mêmes du silence.

« L'**acteur** n'est pas seulement un interprète, il est un inspirateur. » —GIRADOUX

Une belle œuvre dramatique sans **interprète** digne d'elle est un corps sans âme.

La pièce que ce **comédien** créa...

actress

« Une belle et grande **actrice** est un être privilégié de la nature. » —G. SAND

Le rôle a été joué par une **comédienne** célèbre.

adapt

Le cinéma **a adapté** à l'écran d'innombrables romans policiers. (adapter)

adaptation

C'est l'**adaptation** française d'une pièce italienne.

Il s'agit toujours d'une **adaptation** à la scène.

address

(v.) Pour connaître la lignée d'un auteur, rien de tel que de **s'adresser à** lui.

adherent

Les **tenants** (m.) de la théorie de l'affinité...

advance

(n.) L'œuvre dénote une **avance** sensible dans la recherche de la formule biographique idéale.

(v.) A mesure qu'on **avance** dans la lecture de ce journal... (avancer)

adventure

(n.) Froissart ne s'arrête qu'aux choses qui ont couleur d'**aventure**.

« Que serait devenue la guerre de Troie sans Homère? Malheureuses les **aventures** qui ne sont pas contées. » —MARITAIN

adversary   [> antagonist]

Il a réduit son **adversaire** au silence.

advise against

Devait-elle être jouée ou non? D'autres **déconseillaient** la représentation. (déconseiller)

aesthetic

Avant de passer aux idées **esthétiques** de l'auteur...

aesthetics

C'est déjà le grand principe de l'**esthétique** (f.) classique: « Rien n'est beau que le vrai. »

« L'idée du beau engendre ce qu'on appelle l'**esthétique**. »   —V. Cousin

affectation

« Ce style figuré... n'est que jeu de mots, qu'**affectation** pure. »   —Molière

Ce roman a été condamné pour ses **maniérismes** (m.).

affected

Un vocabulaire peu à peu plus **mièvre**...

On a accusé l'auteur d'être trop **maniéré**.

affection

« Combien sont peu nombreux et maladroits les gestes de l'**affection** virile. » —Malraux

affective

Les mots ne s'enchaînent pas d'une manière logique mais **affective**.

affirm

« En supposant que le drame qu'on vient de lire ait eu du succès, ce que les uns nient, ce que les autres **affirment**... »   —Dumas   (affirmer)

affirmation

Cette **affirmation** n'est pas exagérée.

age

(n.) Le « père noble » est le rôle d'un personnage qui a de l'**âge** (m.), de la gravité, et de l'autorité.

(v.) Tout ce qui est sensation pittoresque n'**a** pas **vieilli** d'un jour dans toute son œuvre.   (vieillir)

agree

Ces vers obscurs, il faut **en convenir**, semblent bien faire allusion à...

Il n'**aurait** pas **souscrit à** ce jugement.   (souscrire à)

agreed

C'est là un point sur lequel tout le monde semble **d'accord**.

agreement

Il y a **accord** (m.) de personne et de nombre entre le sujet et le verbe.

aim

(n.) [> purpose, intention, object]

Quel est le **but** visé par le romancier?

Vivre plus en écrivant, tel paraît être le **but** d'un Gide.

Le romancier s'était assigné pour **but** une étude générale de la paysannerie française.

Cependant on démêle très bien une **intention** principale.

Son livre répond à ce double **dessein**.

(v.) Il ne **vise** pas **à** la forme parfaite.   (viser à)

alexandrine

L'**alexandrin** (m.) est propice au style soutenu et marie admirablement la plénitude du sens avec la plénitude du son.

Vers de douze syllabes, l'**alexandrin** est le vers héroïque, le vers de l'épopée, de la tragédie, des grands poèmes.

allegorical

Le *Roman de la Rose* est l'œuvre **allégorique** par excellence.

allegory

L'**allégorie** est fréquente dans tous les genres de littérature.

alliterate

« Ses » **allitère** avec « cerveaux ».   (allitérer)

alliteration

L'**allitération** contribue souvent à l'harmonie imitative, soit en prose, soit en vers.

Le mot « nous » inaugure une triple **allitération** de **n** initiaux.

L'ampleur sonore est obtenue par les **allitérations**.

La science des **allitérations** est frappante.

allude

Il **fait allusion à** cet événement.   (faire...)

allusion   [> reference]

Les **allusions** (f.) à la vie parisienne...

Les **allusions** ne sont pas toujours explicites.

La pièce a dû son succès aux **allusions** que les spectateurs y décelaient.

aloud

Il faut le lire **à haute voix** et dans un mouvement de marche.

alternate

(v.) Cette simplicité **alterne** avec des inventions bizarres.   (alterner)

alternative

C'est cette **alternative** que le héros choisira.

amateur

La première pièce a été jouée par des **amateurs** (m.).

ambiguity

Il y a **équivoque** (f.) chaque fois qu'une phrase peut être comprise de deux façons différentes.

« L'**équivoque** a été la mère de la plupart de nos sottises. »   —Voltaire

L'écriture à elle seule manifeste cette vacillante **ambiguïté**.

L'**ambiguïté** ici est sans doute voulue.

Ce critique-prosateur s'exprime sans **ambiguïté**.

Pinter joue de l'**ambiguïté** avec une féroce allégresse.

ambiguous

Il y joua un rôle brillant et **équivoque**.

« Ce serait une chose indigne de la Sorbonne et de la théologie d'user de mots **équivoques** et captieux. »   —Pascal

« Ces hérétiques cachaient leur venin sous des paroles **ambiguës**.» —Bossuet

ambition

Une formation technique est indispensable à l'auteur dont l'**ambition** dépasse les succès éphémères.

« Je n'ai pas d'**ambitions** littéraires. »   —J. ROMAINS

« La grande **ambition** des femmes est... d'inspirer de l'amour. » —MOLIÈRE

ambitious

Ce style **ambitieux**, trop recherché...

amuse

Ce conteur **amuse** le lecteur.   (amuser)

Comme son intention était d'**amuser**, avant tout et malgré tout,...

« La comédie **divertit** les plus mélancoliques. »   —D'ABLANCOURT   (divertir)

amusing   [> funny]

Ce petit poème **amusant** a été écrit par Prévert.

anachronism

Les **anachronismes** claudéliens ont ceci d'irritant qu'on ne sait jamais s'ils sont volontaires ou involontaires.

anachronistic

Je pense que depuis Dada il est devenu **anachronique** de faire de l'esthétique.

anacoluthon

L'**anacoluthe** (f.) est une figure qui marque la discontinuité dans la construction grammaticale de la phrase: « Il ne faut jamais aimer et ne donner de soi que le plaisir, jamais le cœur. »   —ARAGON

anadiplosis

L'**anadiplose** (f.) est la répétition du mot final d'une proposition au commencement de la suivante:

« Il aperçoit de loin le jeune Téligny,
   Téligny dont l'amour a mérité sa fille. »
                     —VOLTAIRE

analogy

Les **analogies** sont trop fortes pour ne relever que du seul hasard.

L'**analogie**, nous le verrons, est d'ailleurs beaucoup plus qu'accidentelle.

analysis

Ce chapitre ne se prête pas à l'**analyse**.

L'auteur effectue une **analyse** en profondeur de...

C'est sur ce terme qu'il convient de faire porter l'**analyse**.

Son **analyse** est fine, souvent ingénieuse, mais timide et assez peu stimulante.

(critical)	On revient sur ce texte même après la belle exégèse qu'en a donnée ce critique.
(detailed)	Cette étude exhaustive comprend une analyse très détaillée du mouvement.
(final)	En dernière analyse...
	Quel est en fin de compte le véritable apport d'Antoine?
(psychological)	Il évite toute analyse psychologique.
	L'intrigue est soutenue par une solide et très pénétrante analyse psychologique.
	Mais le grand attrait du roman réside dans la finesse et la justesse de l'analyse psychologique.
	Proust a dirigé l'analyse psychologique vers les profondeurs.

analyze

Il **analyse** l'influence que le livre exerça sur Gautier.   (analyser)

Voltaire **analyse**, abstrait, explique.

anapest   [> rhythm]

L'**anapeste** (m.) domine le poème de son balancement régulier ($\smile\smile\acute{\,}$).

anaphora

L'**anaphore** (f.) est un procédé qui consiste à répéter le même mot au début de membres successifs d'une phrase:

> « Rome, qui t'a vu naître et que ton cœur adore;
> Rome enfin que je hais, parce qu'elle t'honore. »
> —Corneille

ancient

Les fables **antiques** sont une invention des hommes.

anecdote

Cette théorie détruit une **anecdote** devenue légende.

annotate

L'auteur lui-même **a annoté** son texte.   (annoter)

announce

« Les grandes choses n'**annoncent** rien, ce sont les petites qui annoncent les grandes. » —MARITAIN   (annoncer)

anonymity

L'auteur s'est caché sous l'**anonymat** (m.) en empruntant un pseudonyme.

anonymous

Ce jeune auteur nous y livre le destin de huit personnages **anonymes**.

answer

(n.) Questions auxquelles nous commençons à voir se dessiner une **réponse** nouvelle.

(v.) Nous tenterons de **répondre à** cette question.

antagonist [> adversary]

Le lecteur ne sait pas encore le nom de cet **antagoniste** mystérieux.

anthology

Ce conte a été publié dans un **recueil** de textes.

Cette **anthologie** présente une centaine d'extraits choisis parmi les meilleurs.

anticipate

L'auteur **a anticipé** ses critiques.   (anticiper)

Ces actions **préfigurent** la fin de l'acte.   (préfigurer)

anticlimax

Nous **revenons vers des banalités**.   (revenir...)

Avec le troisième acte nous **retombons dans l'ordinaire**.   (retomber)

antisocial

Elle s'intéresse de plus en plus aux idées **antisociales**.

antithesis

« L'**antithèse** (f.) est une opposition de deux vérités qui se donnent du jour l'une à l'autre. » —LA BRUYÈRE

Sancho Pança est l'**antithèse** de Don Quichotte.

La construction parallèle du vers souligne l'**antithèse**.

antonomasia

L'**antonomase** (f.) est l'emploi d'un nom commun pour un nom propre, ou inversement: « le père de la tragédie française » pour « Corneille. »

aphorism

Enoncé succinct d'une vérité banale, l'**aphorisme** (m.) résume en quelques mots ce qu'il y a de plus essentiel sur une question: « Tel père, tel fils. »

apogee [> high point]

Il était alors à l'**apogée** (m.) de la puissance.

aposiopesis

Figure nommée plus ordinairement « réticence », l'**aposiopèse** (f.) est l'interruption d'une phrase par un silence qui laisse entendre ce qui ne se dit pas:

« Je devrais sur l'autel où ta main sacrifie
  Te. . . Mais du prix qu'on m'offre il faut me contenter. »
                                                              —RACINE

apostrophe

On trouve de belles **apostrophes** dans la Bible.

L'**apostrophe** est un procédé par lequel on s'interrompt pour adresser la parole à des personnes présentes, absentes, ou mortes.

apparent

Méfions-nous cependant de l'**apparente** facilité de l'image.

appear   [> seem]

Trois pièces viennent de **paraître** en français chez Gallimard.

Le théâtre nouveau **fait son apparition**.   (faire...)

La dissatisfaction de ce critique avec le théâtre contemporain **se fait jour** dans de nombreux écrits.

On se demande peut-être comment pareil livre a pu **voir le jour**.

Plus tard dans le poème **survient** une image qui...   (survenir)

Tous ces thèmes **figurent** déjà chez Sartre.   (figurer)

Jamais un personnage ne **surgit** qu'il ne trouve un cadre tout prêt à le supporter.   (surgir)

appearance

Trois ans avant la **parution** des œuvres complètes de Camus...

La **sortie** du deuxième tome de cette histoire...

« La **surface** des choses a cessé d'être pour nous le masque de leur cœur. »
—Robbe-Grillet

appendix

On trouve dans cet **appendice** les documents cités.

applaud

Au lever du rideau, le public **éclate en applaudissements**.   (éclater...)

On **applaudit** à cette décision.   (applaudir)

apply

Cette critique **s'applique** bien **à** son œuvre.   (s'appliquer à)

approach

(n.) Ces écrivains y précisent leurs **approches** (f.) critiques.

(v.) Pour **aborder** aujourd'hui les grands textes tragiques, il n'y a guère que l'ingénuité ou l'ironie.

Il n'est pas mauvais d'**aborder** les problèmes de la critique par...

C'est la façon dont le problème **est abordé** qui en fait l'intérêt.

Ce poème est unique : rien n'y ressemble et rien n'en **approche**.   (approcher de)

Il **a attaqué** le problème par son côté le plus périlleux.   (attaquer)

appropriate

(a.) Il a créé des caractères **propres** à la scène.

Ce procédé **convient** mieux **à** la romancière qu'au dramaturge.   (convenir à)

Il prête à chaque personnage le langage **qui lui convient**.

aptness

La **propriété** d'une expression est la convenance exacte de l'expression avec la chose à exprimer.

arbitrary

Ces distinctions sont **arbitraires**.

Mais c'est là une vue **arbitraire**, que rien ne justifie dans le texte.

archaism

Son style est émaillé d'**archaïsmes** (m.).

archetype [> prototype]

Il s'agit de retrouver l'**archétype** (m.) de tous ces personnages.

argue [> maintain]

« Nous n'apprenons à **disputer** que pour contredire. » —MONTESQUIEU

Ce sont des questions qui **se disputent** encore.

La philosophie échappait aux docteurs qui n'**argumentaient** jamais qu'en latin. (argumenter)

argument

L'**argument** semble avoir du poids.

Mais les deux **arguments** précédents sont insuffisants.

arrange

Il n'y a pas de meilleur moyen d'**arranger** ces petits articles.

On **disposa** le théâtre en salle de bal. (disposer)

Ces éléments d'observation pure **sont agencés** avec un sens dramatique qui n'est jamais en défaut. (agencer)

arrangement

La **disposition** initiale de l'œuvre a été maintenue.

Son grand talent se trouve dans l'**agencement** (m.) des scènes.

art

« L'**art** (m.) pour l'art. » V. COUSIN

« L'**art** n'est jamais qu'une forme superlative de la vie. » —VAUDOYER

« L'**art** est le pressentiment de la vérité. » —A. BLOK

« Je ne veux pas que l'**art** se sente. » —VERLAINE

« L'**art** est l'ombre de l'homme jetée sur la nature. » —ROLLAND

« L'**art** c'est la science faite chair. » —COCTEAU

« L'**art** est en même temps refus et consentement, et c'est pourquoi il ne peut être qu'un déchirement. » —CAMUS

(execution)   Les beaux-arts s'expliquent par ce fait que l'exécution ne cesse de surpasser la conception.

(*vs.* knowledge) « Il y a science des choses simples et art des choses compliquées. » —VALÉRY

(new)	« Il s'agit de fonder un art nouveau pour un monde nouveau. » —ROLLAND
(object)	La recherche d'une forme par un artisan est le premier objet de tout art.
(purpose)	Le but de l'art n'est pas uniquement de nous apprendre si le héros est tué ou s'il se marie.
(and reality)	D'après Camus, l'art n'est rien sans la réalité, et sans l'art la réalité serait peu de chose.
(of tragedy)	« L'art tragique tient les âmes en alerte. » —R. KEMP

article

Au *Figaro* il donna une éblouissante série d'**articles** (m.).

(major) L'**article** de fond traite un sujet important.

(critical) Le feuilleton est un **article** de littérature, de science, de critique, inséré au bas d'un journal.

artifice

Il y a de l'**artifice** et de la préciosité.

Les **artifices** apparents de Marivaux ne furent jamais pour lui qu'un moyen d'être naturel.

artificial

« Quel art n'est **artificiel**? »   —MAUROIS

Il a voulu dépouiller le roman pur de tous les éléments **factices**.

artist (m. or f.)

C'est une admirable **artiste**, qui écrit d'une façon vive, spirituelle et naturelle.

« Les grands **artistes** ne sont pas les transcripteurs du monde; ils en sont les rivaux. »   —MALRAUX

« Un grand **artiste** est avant tout un grand vivant. »   —CAMUS

(aims) Le rôle de l'**artiste** sera donc de capter et d'exprimer cette sensation sans la trahir.

(formation) On devient **artiste** en faisant soi-même ce que l'on veut voir ou entendre.

(in revolt) D'après Camus, l'**artiste** moderne est un révolté, qui peint la réalité vécue et soufferte.

ascending

La phrase est construite en trois groupes **ascendants**.

ascribe

Il n'**accorde** rien à l'imagination ni au sentiment.   (accorder)

aside from

Tout en laissant de coté ici les problèmes de technique...

association   [> connection]

Le rythme et l'harmonie demeurent toujours en étroite **liaison** avec le sens.

aspect

Le critique ne néglige aucun **aspect** de l'œuvre.

Chacune des études traite une **facette** différente de la production de l'auteur.

assonance

Nos plus anciens poèmes, tels que la *Chanson de Roland*, ne connaissent que l'**assonance** (f.).

Dans l'**assonance**, seule la voyelle est identique, les consonnes sont différentes: vign**o**ble—oct**o**bre.

assonanced

Le poème est écrit en vers décasyllabiques **assonancés**.

asyndeton

L'**asyndète** (m.) est l'absence de mots de liaison entre plusieurs termes pour donner plus de force:

« Français, Anglais, Lorrains, que la fureur rassemble,
Avançaient, combattaient, frappaient, mouraient ensemble. »
—VOLTAIRE

atmosphere

Tout se passe dans une **atmosphère** de rêve.

Il recrée ici l'**atmosphère** de la Provence.

Il sent dans le poème une **atmosphère** fin de siècle.

Corneille ne cherche pas à créer avec les mots, les images, les harmonies de son vers une sorte d'**atmosphère** poétique où vivront ses héros.

Son art est de créer une **ambiance** par un style.

Il savait créer un **climat** discrètement hallucinatoire.

attack

(n.) Il se montre hardi dans ses **attaques** (f.) contre la religion.

Ce livre s'alourdit vite d'une **charge** outrée contre le Nouveau Roman.

(v.) Souvent la critique **attaque** l'homme de talent et vante le mauvais écrivain. (attaquer)

Négligeant les autres représentants du Nouveau Roman, il **s'en prend** uniquement **à** Alain Robbe-Grillet.   (s'en prendre à)

attain

« L'esprit humain n'**a** pas encore **atteint** la limite où il doit s'arrêter. » —G. SAND   (atteindre)

Par la puissance de sa vision symbolique, il **atteint** souvent **à** la grandeur.

attempt   [> try]

(n.) Ce mouvement marqua la première **tentative** pour introduire le réalisme au théâtre.

Ses deux premières **tentatives** théâtrales datent de 1826.

(v.) Les théoriciens du nouveau théâtre contemporain **s'attachent à** définir l'avant-garde.   (s'attacher à)

attention

Une **attention** particulière doit être accordée à la préface.

Cela explique le manque d'**attention** que les critiques ont témoigné pour ses contes.

Ce commentaire mérite de retenir notre **attention**.

Il applique toute son **attention** à l'étude de ses méthodes artistiques.

Cela retient l'**attention** sans engager le cœur ni l'intelligence.

Le thème de Don Juan ne cessa jamais d'attirer l'**attention** de Camus.

attitude

L'**attitude** du romancier y est évidente.

Nous constatons cette même **attitude** chez Claudel.

audience

Les **auditoires** sont plus facilement conquis par la comédie que par la tragédie.

Il veut plaire au **spectateur**.

La préface de Sartre a contribué à trouver une **audience** à ces livres qui méritent d'être connus.

austere

> La morale du jansénisme est très **austère**.

authentic

> Le texte **authentique** n'a été publié qu'en 1844.
>
> Tous les héros camusiens sont à la chasse de sentiments **authentiques**.
>
> Rien n'est **authentique** qui ne soit truqué.

authenticity

> Son premier livre respire l'**authenticité** (f.) d'expériences vécues.

author   [> writer]

(n.) L'**auteur** s'est effacé de son livre.

> « Le rôle de l'**auteur** est de bâtir une demeure; au lecteur de l'occuper. »
> —MAUROIS

authoritative

> C'est aussi un poète et un critique littéraire dont le jugement **fait authorité**.
> (faire...)

autobiographical

> Si l'on admet le caractère foncièrement **autobiographique** de ces romans...

autobiography

> C'est une **autobiographie** romancée.
>
> Dans l'**autobiographie** le narrateur se tient davantage aux faits mêmes de
> sa vie.
>
> « Tout écrivain, même assez peu doué, est capable d'écrire une **autobio-**
> **graphie** charmante. »   —J. GREEN

avant-garde

(n.) Pourquoi cette **avant-garde** d'hier n'est-elle pas devenue la tradition
d'aujourd'hui?

(a.) On appelle communément art **d'avant-garde** tout art en rupture avec les
formes reçues.

avoid

> N'est-il pas inconcevable que l'on **évite** tout à fait cette question?   (éviter)
>
> Je **me garderai** donc, pour le définir, **d'employer** ces mots.   (se garder de)
>
> Les textes ne **contournent** pas ces problèmes.   (contourner)

award

(n.) Il avait déjà reçu plusieurs **prix** (m.) littéraires.

(v.) Le prix littéraire **a été décerné** par le président.   (décerner)

aware

L'entreprise est malaisée; l'auteur en **a conscience**.   (avoir conscience de)

awkwardness

Pourquoi cette **gaucherie** dans le maniement de la rhétorique ?

b

background

C'est de cette allégorie en **arrière-plan** (m.) que son roman tire sa grandeur et sa qualité dramatique.

Sur un **fond** de mythes universels se profilent des thèmes connus.

balance

(n.) Ces pièces témoignent d'un **équilibre** enfin trouvé.

L'**équilibre** entre les deux principes va s'établir.

(v.) Guez de Balzac montra comment régulariser, **équilibrer**, rythmer la phrase.

Le romancier a voulu **compenser** le fantastique par un recours au réalisme.

ballad (poem)

Ce sont les premiers à nous offrir des exemples de **ballades** (f.) à forme fixe.

banal

Le second thème est sans doute le plus **banal**.

banality

A la **banalité** s'ajoute l'extravagance.

banned

Le livret a d'abord été **interdit par la censure**.

baroque

(n.) Le **baroque** apparaît comme un art de la surcharge.

Le **baroque** est plutôt décoration qu'approfondissement.

C'est toute la gamme des sentiments emportés, frénétiques, extrêmes auxquels s'attache le **baroque**.

Le **baroque** ne semble jamais avoir vraiment constitué ce qu'on appelle une « école » littéraire.

(a.) L'art **baroque** se complaît dans les descriptions de la réalité étrange, repoussante, mystérieuse.

L'art **baroque** insiste sur le détail amusant, surprenant, vivant, qu'un classique supprimerait sans aucun doute.

S'il existe une esthétique **baroque**, caractérisée par un mouvement capricieux d'arabesques, par l'hétérogénéité des éléments et par une grande liberté de l'auteur à tresser le réel et l'imaginaire...

based on

Le portrait de la mère est sans doute **calqué sur** celui de sa propre mère.

Le second est **fondé sur** le contraste entre le dernier vers et les strophes précédentes.

C'est tout un monde **organisé sur** le modèle de la société humaine.

La pièce **s'appui sur** une psychologie classique.   (s'appuyer sur)

Toute son œuvre **s'oriente autour de** deux sources inépuisables : l'enfance et la mort.   (s'orienter autour de)

basic   [> fundamental]

La pièce démontra l'absurdité **foncière** de notre civilisation.

La question **essentielle** est celle de...

basically

Une telle morale dénote une nature **foncièrement** généreuse.

basis

L'**essence** (f.) de son art est d'inspiration parnassienne.

L'idée de choisir, pour **axe** (m.) d'un roman, un événement plutôt qu'un individu est féconde.

Tout l'acte a été conçu en **fonction** de cette scène.

bathos

On y trouvera une certaine **affectation ridicule du sublime**.

beat (rhythmic)

Le vers comporte des syllabes accentuées et des syllabes atones qui jouent le rôle des **temps** forts et des **temps** faibles en musique.

beauty

Pour Mallarmé, la **Beauté** ne réside pas dans la forme matérielle des choses, mais dans leur forme idéale.

Dans tous les arts, c'est de l'exécution que naît le **beau**, et non point du projet.

begin

Cet ouvrage **s'ouvre sur** une succession de satires piquantes.   (s'ouvrir sur)
La troisième partie **débute par** leur mariage.   (débuter par)

« Les hommes **commencent** par l'amour et finissent par l'ambition. » —La Bruyère (commencer)

beginner

Un **débutant** appartient aux modes de son temps.

beginning

La clef de son œuvre se trouve dans ces **débuts** (m.) littéraires.

« La dernière chose qu'on trouve en faisant un ouvrage, est de savoir celle qu'il faut mettre la première. » —Pascal

belie

Tout ce qu'on connaît de la genèse de son roman **dément** cette assertion téméraire. (démentir)

believable [> verisimilitude]

L'histoire est peu **croyable** en raison des contorsions de l'intrigue, de maintes complications de détail.

believe [> think]

« Nous sommes prompts à **croire** tout ce qui nous flatte. »   —Bossuet

Il **croit en** une morale purement sociale.

Voltaire **croit au** progrès.

Hugo **croit à** la conscience humaine.

Il **croit en** une vie éternelle.

belong

Pour définir un écrivain, le critique français cherche volontiers à quelle lignée il **appartient.**   (appartenir)

Mais autant qu'à l'auteur, le théâtre **appartient** au public.

bestiary

Un ouvrage didactique du Moyen Age qui comporte des descriptions d'animaux, c'est le **bestiaire.**

best seller

C'est surtout le cas du petit romancier qui écrit des **romans** (m.) **à succès...** des **livres** (m.) **à gros tirage.**

Ce fut un **énorme succès de librairie.**

bibliography

Une **bibliographie** nourrie complète l'introduction.

biographer

Maurois est le plus grand **biographe** vivant.

biographical

C'est son œuvre **biographique** la plus lue.

biography

Nous ne connaissons sa **biographie** que par ses livres.

« A l'histoire générale, Plutarque substitua la **biographie.** »   —DE BARANTE

blank verse

Les **vers blancs** ne riment pas entre eux.

Nombreux sont les poètes du xxᵉ siècle qui utilisent le **vers blanc.**

La prose de Michelet abonde en **vers blancs** ou sans rimes.

"boards" (stage)

L'acteur paraît sur les **planches** (f.).

bombast

Une telle **boursouflure du style** se trouve souvent chez ces poètes.

bombastic

Le style **ampoulé** pèche par un excès d'ornements.

book

« Tout, au monde, existe pour aboutir à un **livre**. »   —MALLARMÉ

Sartre a connu surtout les hommes par les **livres**.

Gardez-vous de l'homme qui ne connaît qu'un **livre**.   —PROVERBE

(bedside) Ce petit volume est devenu son livre de chevet.

bore

(v.) « Le secret d'**ennuyer** est... de tout dire. »   —VOLTAIRE

Il fallait être bref, pour ne pas **ennuyer**; clair, pour ne pas fatiguer.

boring

« Tout les genres sont bons, hors le genre **ennuyeux**. »   —VOLTAIRE

borrow

Le romancier **emprunte** assez directement **à** la réalité pour créer ses personnages secondaires.   (emprunter à)

Il **a emprunté** sa matière un peu partout.

borrowing

La seule moralité en matière d'**emprunts** (m.) littéraires est de savoir piller
avec talent.

bottom

(n.) Aucune note ne figure au **bas** des pages.

boundary

Les **frontières** (f.) existant entre le réel et l'imaginaire sont extrêmement
difficiles à discerner.

bourgeois

(n.) Gide, Mauriac, Martin Du Gard ont plus sûrement que Karl Marx discrédité
le **bourgeois**.

(a.) La littérature **bourgeoise** fut narrative et lyrique.

La controverse entre Camus et Sartre verse dans le drame **bourgeois**.

Je vois volontiers en Gide et Chardonne les deux plus éminents écrivains
bourgeois de ce siècle.

bourgeoisie

Il examine d'abord le costume, les habitudes, les loisirs de la **bourgeoisie**.

brachylogy

La **brachylogie** est une manière de s'exprimer par sentences et maximes, ou l'emploi d'une expression dite elliptique :

« Les mains cessent de prendre, les bras d'agir, les jambes de marcher. »
—La Fontaine

brief

(a.) Ces **brèves** nouvelles révèlent bien son talent.

briefly

Toutes les grandes œuvres ont été **brièvement** analysées.

Telle est, **en raccourci**, la vie de Montaigne.

brilliant

Cette **brillante** autobiographie est le mieux écrit et le plus humain des ouvrages de Sartre.

C'est une œuvre **géniale**.

bring back

Cela **ramène** le lecteur aux idées du début.   (ramener)

bring out

Ce parallèle **a fait ressortir** de nombreuses ressemblances entre ces deux auteurs.   (faire ressortir)

Il faudra **dégager** le sens intime de ce passage.

bucolic

(n.) Le mot **bucolique** (f.) désigne en grec une poésie pastorale.

(a.) La poésie **bucolique** a rapport à la vie des bergers.

burlesque   [> parody]

Le **burlesque** est d'un comique outré et souvent trivial.

C

cacophony [> sound]

La **cacophonie** est produite par la rencontre fâcheuse des mêmes sons.

Il faut d'abord éviter les **cacophonies**, qui sont des rencontres ou répétitions de sons rocailleux ou bizarres.

La **cacophonie** est parfois employée dans une intention parodique.

cadence

« Une **cadence** trop harmonieuse et trop régulière finit par ennuyer. » —Le P. Rapin

cadenced

La phrase est bien **cadencée**.

caesura

L'hexamètre français est divisé par la **césure** médiane en deux moitiés ou hémistiches.

Le romantisme ne touche guère aux règles de la versification, sinon en ce qui concerne la **césure**, pour « disloquer » l'alexandrin.

En règle générale, la **césure** coïncide avec un arrêt du sens.

calculated

Ses effets sont **calculés**.

call forth [> evoke]

Ce texte **appelle** plusieurs remarques.   (appeler)

capable [> able]

« Tout genre d'écrire reçoit-il le sublime? ou s'il n'y a que les grands sujets qui en soient **capables**? » —La Bruyère

caption

La **légende** est une explication écrite donnée sous un dessin.

career

Au cours de sa **carrière** d'écrivain...

caricature

(n.) La **caricature** participe à la fois de la satire, du genre burlesque et de la comédie.

Ces légers croquis tournent souvent à la **caricature**.

case

Prenons un **cas** particulier.

cast

La **distribution** est hors de pair: Mlle Landis en Martine et M. Casa en Sganarelle.

catachresis

La **catachrèse** est une métaphore acceptée dans le langage commun: « une feuille de papier. »

catastrophe

Il arriva alors une **catastrophe**, c'est-à-dire un événement décisif qui amena le dénouement.

« La **catastrophe** de ma pièce est peut-être un peu trop sanglante. »   —RACINE

category

Il classe les œuvres théâtrales en trois **catégories** (f.).

Il classe les idées sous des **rubriques** bien choisies.

« La voilà dans un nouvel **ordre** de choses. »   —ROUSSEAU

cause

(n.) Aucune **cause** politique ou sociale n'est défendue dans cette pièce.

« Il prouvait admirablement qu'il n'y a point d'effet sans **cause**. »   —VOLTAIRE

(v.) Mais qui **aurait causé** ce malheur?   (causer)

celebrate   [> praise]

La critique **a célébré** cet artiste tourmenté.   (célébrer)

Nul ne les **a chantées** avec une grâce plus passionnée.   (chanter)

celebrated   [> famous]

Cette série l'a rendu **célèbre**.

censorship

Une **censure** vigilante et dont l'arbitraire entravait le libre exercice de l'édition et de la presse...

On sait que cet écrivain a des ennuis avec la **censure**.

center about

Le second groupe de romans **s'ordonne autour de** ce premier. (s'ordonner...)

century

Il a manqué au **siècle** de Voltaire le sentiment de la poésie.

chance

Le **hasard** n'a guère de place dans l'œuvre d'un grand écrivain.

Rien n'était **hasard** et tout nécessité.

change

(n.) On y notera les **changements** apportés par Gide.

(v.) Ce sont les idées qui **changent** le monde.   (changer)

chapter

Un plan général semble néanmoins avoir présidé à la distribution des **chapitres** (m.).

chapter headings

Il a décidé de supprimer les **indications** (f.) **de chapitres** dès la seconde édition.

character   [> nature]

Le **caractère** est façonné par les passions.

Ces images nous frappent par leur **caractère** étrange.

Cette femme au **caractère** fantasque...

Cette brève esquisse de sa vie permet déjà d'entrevoir les grands traits de son **caractère**.

character (in a play)

Le **personnage** participe à l'action dans une pièce de théâtre, dans un roman et dans un film.

« Le mauvais romancier construit ses **personnages**, il les dirige et les fait parler. Le vrai romancier les écoute et les regarde agir. » —GIDE

« Ce sont mes **personnages** qui m'ont insensiblement conduit du roman au théâtre. » —J. GREEN

« Une pièce n'est pas faite pour les **personnages,** mais les personnages pour la pièce. » —SALACROU

« Je ne crois pas vrai que le romancier doive créer des **personnages**; il doit créer un monde cohérent et particulier, comme tout autre artiste. » —MALRAUX

Il a dessiné toute une galerie de **personnages.**

(awkward)	Un personnage dont la gaucherie contraste radicalement avec la dextérité du précédent...
(believable)	Des personnages auxquels on croit...
(complex)	Ils ont l'intérieure complexité des vivants.
(contrasting)	Ces deux personnages si opposés par leurs traits généraux...
(crude)	Les personnages sont grossièrement conçus.
(enigmatic)	C'est un personnage plus énigmatique qu'il ne paraît à beaucoup.
(exaggerated)	La nécessité de l'optique théâtrale provoque un grossissement des personnages, une outrance des caractères.
(flat)	Ce sont des créations sans relief, sans profondeur.
(historical)	Il fait figurer dans ses poèmes des personnages tirés de la fable et de l'histoire.
(ill-matched)	Il réunit des personnages qui n'ont rien en commun.
(immediacy)	Le lecteur entre directement en contact avec les personnages que présente l'auteur.
(independent)	Chez Corneille les personnages ne s'influencent pas l'un l'autre.
(lifeless)	« Les personnages de Malraux sont si peu vivants qu'ils meurent aussitôt dans la mémoire du lecteur. » —ROUSSEAUX
	Ses petits bourgeois restent synthétiques, ils manquent de relief.
(main)	Le personnage central est un « salaud » au sens le plus sartrien du mot.
(minor)	L'auteur s'emploie à introduire les figurants.
(model)	Il l'avait pris pour modèle de son personnage.
	Nous savons qu'il s'inspire ici d'un personnage qu'il a réellement connu.
	« Je suis aussi parfois influencé par les types physiques que j'ai vus dans les films. » —R. GARY

(peripheral)	L'idée de personnages-planètes se voit dans les diverses parties du roman.
(picturesque)	Il a créé des personnages pittoresques.
(pivotal)	C'est la tante Berthe, personnage-sphère autour duquel tournent tous les autres personnages.
(prototype)	Harpagon est l'Avare à tout jamais, une des plus puissantes figures du théâtre.
(recurrent)	C'est la première œuvre où Balzac a appliqué la technique du « retour des personnages ».
(secondary)	Les personnages secondaires sont peut-être moins fortement dessinés.
(stock)	La « commedia dell'arte » comportait des personnages conventionnels dont le caractère et le costume étaient fixés de manière permanente.
(stylized)	Tous les romans de Giraudoux seront des colliers de couplets scintillants, des ballets de personnages stylisés.
(supernatural)	Ses personnages sont des êtres surnaturels.
(surroundings)	Les personnages de Gracq naissent d'un décor, alors que traditionnellement les romanciers créent l'environnement après leurs personnages.
(symbolic)	Parmi les personnages symboliques...
(synthetic)	Ses personnages restent synthétiques, ils manquent de relief.
(theatrical)	Nous nous identifions au héros romanesque alors que nous jugeons le personnage théâtral.
(unconvincing)	La personne du mari n'a pas l'épaisseur qu'il faudrait.
	Les personnages évoqués sont morts ou fictifs.
(unreal)	Personnage plus livresque que réel...
(vague)	La dématérialisation du personnage est voulue chez Proust.
(valid)	Il doit sa popularité à la vérité de ses personnages et de ses descriptions.
(varied)	Il excella dans la peinture des personnages les plus divers.
(vivid)	Il n'a créé aucun personnage vivant.
(weak)	Les personnages sont marqués d'une faiblesse...
(well-defined)	Ce sont des personnages bien définis.

Tous ses personnages sont si patiemment étudiés que, tout médiocres qu'ils sont, ils apparaissent profondément distincts et fortement caractérisés.

characteristic

(n.) Une autre **caractéristique** apparaît en effet commune à tous ces êtres.

Clarté et simplicité, tels sont les vrais **caractères** de son récit.

(a.) Ce défaut est **propre à** la jeunesse.

characterize

Chaque personnage **est caractérisé** dramatiquement par ses actes et son langage. (caractériser)

La force, la grandeur tragique, la logique enthousiaste **caractérisent** son génie.

Leur prose **se caractérise** par l'accumulation des adjectifs et un emploi excessif des synonymes.

character study

Il s'agit tout d'abord d'une excellente **étude de caractère**.

Il a réussi, en Lucie, une **étude de caractère** remarquable.

Il s'intéresse uniquement à la **peinture des caractères**.

C'est une pénétrante **analyse du caractère** britannique.

Le *Misanthrope* est la plus belle des **comédies de caractère**.

« Il faut peindre d'après nature, faire reconnaître les gens de votre siècle. » —Molière

charm

(n.) L'ensemble compose un livre d'un **charme** prenant.

Cette puissance naturelle d'imagination et de vision fait le **charme** de Joinville.

(v.) Le langage est délicat, plein d'une mélancolie voilée qui touche et qui **captive**. (captiver)

charming

C'est un album d'images et ces images sont **charmantes**.

chiasmus

Le **chiasme** est la reprise et inversion de deux termes:

« Il faut manger pour vivre, et non pas vivre pour manger. »

choice

L'écrivain doit opérer un **choix**, et ce choix doit être fondé sur le bon sens.

choose

Le romancier **a choisi** de confronter la politique américaine.   (choisir)

Peu de titres **ont été** aussi bien **choisis**.

chorus

Le **chœur** n'est pas traité comme ce personnage supplémentaire qui dialogue avec les vrais acteurs.

Christian

« La religion **chrétienne**, qui ne semble avoir d'objet que la félicité de l'autre vie, fait encore notre bonheur dans celle-ci. »   —CHATEAUBRIAND

chronicle

(n.) La **chronique** a été, par excellence, la forme de l'histoire au Moyen Age.

Les **chroniques** françaises sont tantôt en prose, tantôt en vers.

« La correspondance de Mme de Sévigné est, pour l'époque, une **chronique** de France. »   —CHATEAUBRIAND

chronicler

Froissart est un admirable **chroniqueur**.

chronological

Aucun ordre **chronologique** ne préside à ces notes.

chronology

« J'ai la manie de la **chronologie**. »   —CH. DU BOS

cinematheque

Dans la **cinémathèque** on conserve des films documentaires.

cinematographic

La nouvelle littérature subit et avoue l'influence de la vision **cinématographique**.

circumstance

Mallarmé composa la plupart de ses poèmes à l'appel d'une **circonstance**.

cite   [> quote]

Dans le poème que nous venons de **citer**...

claim

(v.) Corneille **prétend** qu'il n'y a point de gloire sans péril.   (prétendre)

Aucun auteur ne **revendique** cet ouvrage anonyme.   (revendiquer)

clarify

Il cherche à **élucider** ce procédé.

Des notes sobres **éclaircissent** tous les points importants.   (éclaircir)

clarity   [> clearness]

Montesquieu vise à la **clarté** et à la justesse dans l'expression des idées.

« La **lucidité** est la blessure la plus rapprochée du soleil. » —René Char

classical

Goût de l'analyse psychologique et des remarques morales, perpétuel recours à la raison, commerce familier avec l'antiquité, idées conservatrices, ce sont déjà les caractères essentiels de l'esprit **classique**.

La perfection des œuvres **classiques** consiste précisément à combiner les deux formules, esthétique et scientifique, de la littérature, de façon que la beauté de la forme manifeste la vérité du fond.

Ainsi la doctrine **classique** est faite de deux éléments: le goût de la raison (venu du cartésianisme) et le goût de la beauté (venu des œuvres grecques et latines).

Le plan de l'ouvrage se révèle des plus **classiques**.

« Si quelqu'un est assez barbare, assez **classique!**... » —Beaumarchais

classical writer

Le **classique** ne fait jamais le vers pour le vers.

« Le **classique** et le romantique sont deux points de vue différents du beau réel. » —Jouffroy

« Un véritable **classique** est toujours un romantique dominé. » —Maurois

« Un écrivain **classique** est un écrivain qui dissimule ou résorbe les associations d'idées. » —Valéry

« L'écrivain **classique** est celui qui ne dépense pas tout ce qu'il possède. » —Duhamel

« **Classique** est l'écrivain qui porte un critique en soi-même et qui l'associe intimement à ses travaux. » —Valéry

classicism

« Le **classicisme** est l'art d'exprimer le plus en disant le moins. » —GIDE

« L'essence du **classicisme** est la précision. » —BERGSON

« Je considère le **classicisme** comme un harmonieux faisceau de vertus dont la première est la modestie. » —GIDE

« Le **classicisme** est un équilibre, de pensée, de sensibilité et de forme, qui assure à l'œuvre d'art un intérêt humain et une diffusion universelle. » —J. BAYET

Par son goût de la perfection et son admiration pour les anciens, il a préparé le **classicisme**.

Le **classicisme** obtient que le théâtre soit l'expression d'une crise.

Les avant-gardistes de ce nouveau **classicisme** s'inspirent d'Artaud.

Le **classicisme** de cette romancière est une géométrie sensible.

classify

Chacun des poètes cités peut prétendre à n'**être** pas **catalogué**. (cataloguer)

Il les **a** triés, **classés** selon leur importance. (classer)

clear

(a.) « Ce qui n'est pas **clair** n'est pas français. » —RIVAROL

« Voltaire est **clair** comme de l'eau, Bossuet est **clair** comme le vin. » —JOUBERT

clearness   [> clarity]

On a le constant bonheur de lire une prose incomparable par sa **clarté**.

cliché   [> commonplace]

Tous les **clichés** qui encombrent les hebdomadaires littéraires sont allègrement reproduits.

Il y a, sur chaque sujet, des **phrases toutes faites**, qui dispensent de penser.

climax

(n.) L'œuvre atteint alors à un **sommet** dramatique.

Sans nul doute c'est là le **sommet** de l'œuvre: tous les thèmes s'y retrouvent unis.

C'est ici que le comique arrive à son **comble**.

clippings

Il a conservé dans ses dossiers de vieilles **coupures de journaux**.

close

(a.) Régnier était plus **proche** de Malherbe qu'il ne le pensait.

close [> end]

(v.) Il a choisi de **clore** sa pièce sur une note de bonne humeur.

Le roman **se clôt** sur la vision d'un mariage peu vraisemblable.

collect

Les notes des journaux intimes **ont été groupées** par... (grouper)

La majeure partie de cette production **a été réunie** sous forme d'anthologie. (réunir)

collection

Le **recueil** de vers est un ouvrage où sont réunis des poèmes.

Cette **collection** veut donc être autant un instrument de travail qu'un moyen de vulgarisation.

color

(n.) Le rôle qu'y joue la **couleur** est bien connu.

La langue des **couleurs** est très riche chez lui.

(v.) La vivacité de l'imagination **colore** l'expression. (colorer)

colorful

Un style **coloré** qui a du brillant...

colorless

Son style **manque de coloris.**

column

Il devient critique littéraire du journal, chargé de la **rubrique** des poèmes.

Chez le journaliste, la **colonne** est la portion d'une page divisée verticalement.

combat

(v.) « L'auteur **se combat** lui-même. » —Bossuet (se combattre)

combine

Butor **combine** ingénieusement toutes les techniques qui lui sont chères. (combiner)

Ce roman **allie** subtilement la poésie et le réalisme. (allier)

La fantaisie et la poésie **se mêlent** dans son œuvre à une satire souvent très âpre. (se mêler)

Les descriptions **mélangent** les formes traditionnelles et celles empruntées à la nouvelle littérature. (mélanger)

Il **joint** à la perfection classique du trait, l'imagination la plus libre. (joindre)

Il **unit** les grâces sensuelles du paganisme au spiritualisme chrétien. (unir)

Descartes **rassemble** en lui les traits essentiels de son époque. (rassembler)

Tout dans cet épisode **concourt** pour donner à la menace de la nature l'accent d'une attaque personnelle. (concourir)

comedy

« Imitation d'hommes de qualité morale inférieure. » —ARISTOTE

La **comédie** excite le rire soit par le choc des situations et des personnages, soit par le peinture satirique des mœurs contemporaines, soit par la représentation des travers et ridicules de l'humanité.

Molière crée la **comédie** de genre et la **comédie** moderne.

« C'est une étrange entreprise que celle de faire rire les honnêtes gens. » —MOLIÈRE

« La **comédie** corrige les mœurs en riant. » —DE SANTEUL

(character)   La comédie de caractère a pour objet principal la peinture développée d'un trait de caractère.

(exaggeration)   Son théâtre est dominé par un sens d'un comique qui prend sa source dans l'exagération des effets.

(historical)   La comédie historique emprunte à l'histoire ses principaux personnages.

(light)   C'est une comédie sans profondeur et sans déclamation, d'un optimisme aimable et sans niaiserie.

(manners)   La comédie de mœurs peint les mœurs d'une époque ou d'une classe de la société.

(medieval)   Les pièces comiques du Moyen Age s'appelaient farces, soties, moralités.

(psychological)   Les comédiens poussent la pièce au niveau de la comédie psychologique.

(situation)   Dans la comédie d'intrigue l'auteur s'occupe surtout d'intéresser par la multiplicité et la variété des incidents.

La comédie d'intrigue base l'intérêt sur la complication des faits.

comedy-ballet

Dans la **comédie-ballet**, chaque acte finit par des danses.

comic(al)

(n.) Le sérieux et le **comique** se mélangent d'une manière qui nous paraît incompréhensible.

Le **comique** est une des constantes de l'inspiration hugolienne.

« Le **comique**, ennemi des soupirs et des pleurs,
N'admet point en ses vers de tragiques douleurs. » —BOILEAU

« Il n'y a pas de **comique** en dehors de ce qui est proprement humain. » —BERGSON

« Il n'y a pas de sources du **comique** dans la nature; la source de **comique** est dans le Rieur. » —PAGNOL

(a.) Il a repris un schéma **comique** éprouvé.

Il utilise certains procédés **comiques**, tels que le renversement de situation et l'intervention d'événements qui mettent un personnage en opposition avec ses désirs et son caractère.

comic relief

Il existe dans la plupart de ses tragédies un **élément comique**, introduit au cœur de la tragédie pour relâcher la tension nerveuse de l'auditoire.

comic strip

On dirait que les personnages sortent de la **bande dessinée**.

comma

« L'art est une question de **virgules** (f.). » —FARGUE

commedia dell'arte

La **commedia dell'arte**, qui eut une influence considérable sur le théâtre en France, comportait de longues parties improvisées par les acteurs sur des canevas traditionnels fixés à l'avance.

commensurate

Son œuvre ne semble pas avoir trouvé une attention critique **en rapport avec** sa popularité.

comment

(n.) Permettez que je fasse une **observation**.

(v.) Je ne voulais que **commenter** ces deux images.

commentary

Dans son **commentaire** de ce poème...

La biographie est un utile **commentaire** de l'histoire.

commercial

(a.) Le salut du théâtre se fera en dehors des circuits **commerciaux**.

commitment

Quant à son **engagement** social...

committed

Un écrivain **engagé** prend part aux luttes politiques et sociales.

common

Tous ont entre eux des traits **communs**.

Il choisit des sujets d'intérêt **commun**.

commonplace   [> banal]

(n.) « Une demi-douzaine de **lieux communs** défrayent le monde depuis la création. » —GAUTIER

common sense

Là encore le **bon sens** proteste.

« Le **bon sens** est une intuition toute locale. » —VALÉRY

compact

(a.) L'autre, une œuvre condensée, **serrée**, presque uniforme...

company

Il avait à diriger une **troupe** de jeunes comédiens souples et intelligents.

compare

On ne peut **comparer** aucun poète **à** Racine.

Les critiques **ont comparé** ses romans **à** des mosaïques.

On ne manquera pas de **rapprocher** ce livre **des** romans de Queneau.

comparison

Elle invite à une **comparaison** avec...

« **Comparaison** n'est pas raison. » —PROVERBE

L'auteur a établi une **comparaison** entre les deux parties.

Le poème s'ouvre sur une **comparaison** explicite.

(in comp. with) Cet ouvrage apporte peu de nouveau **en comparaison de** son étendue.

Ce personnage nous paraît bien fade **par rapport au** précédent.

compassion

« Vieillir c'est passer de la passion à la **compassion**. » —CAMUS

complaint

La **complainte** est une chanson populaire racontant les malheurs d'un personnage légendaire.

complete

(a.) Le texte **intégral** a été publié.

Marguerite de Navarre fut la plus **complète** expression de la Renaissance française.

(v.) Cet ouvrage **a été** mis à jour, corrigé, **complété**. (compléter)

La grande édition de ses œuvres **a été menée à son terme**. (mener...)

complex

La matière est trop **complexe**, trop insaisissable.

Ce roman, **complexe** par les personnages qui l'animent comme par la technique de l'auteur...

complexity

L'auteur se croit autorisé par la **complexité** de la profondeur à une facilité de surface.

Ces explications d'une **complexité** machiavélique...

complicate

Diderot n'hésite pas à **surcharger** ses intrigues.

Le drame **se noue** rapidement. (se nouer)

compose

Ce roman **se compose de** deux récits à la première personne. (se composer de)

Les brefs récits dont ce livre **est composé** ne cessent d'évoquer un drame.

Il **composa** alors ce dialogue important.

composition

Il étudie l'œuvre de l'écrivain, au fur et à mesure de sa **composition**.

Il faut avoir lu Montaigne pour savoir à quel point le manque de **composition** lui est essentiel.

comprise [> encompass]

Le sujet ne **comporte** pas d'idées révolutionnaires. (comporter)

compromise

(n.) Toute l'œuvre de Camus n'a été que la recherche d'un **compromis** entre la nature et l'homme.

concept

Le **concept** de révolte, autre thème majeur de l'œuvre...

On l'admire pour la **conception** désintéressée qu'il avait de la littérature.

conception

La **conception** est noble, émouvante, susceptible de perspectives infinies.

concern [> deal with]

(n.) La réalité n'était pas alors le **souci** majeur des cinéastes.

Le problème de la liberté, qui fut la **préoccupation** majeure de Camus...

(v.) **Il s'agit des** deux premiers chapitres du roman. (s'agir de)

Ce roman **a rapport à** la vie actuelle. (avoir...)

L'auteur **se soucie** très peu **d'**être original. (se soucier de)

Ces remarques **portent sur** la théorie. (porter sur)

Parmi les communications qui **ont trait à** la vie du grand écrivain... avoir...)

Ce roman nous **concerne** tous. (concerner)

Pour le choix de vocabulaire, cela ne **regarde** que le spécialiste. (regarder)

concise

Le vocabulaire **concis** se passe d'expressions recherchées.

Les phrases de ses livres sont **nettes**, réduites à l'os.

concision

La **concision** évite le superflu, l'encombrement, le verbiage.

Le style des *Maximes* est remarquable par la netteté, le relief, la **concision**.

conclude

Il nous reste à **conclure** que la lecture de cet ouvrage est du temps perdu.

conclusion

La **conclusion** doit rappeler la proposition du début et en constater le bien-fondé.

L'examen des autres scènes amènerait à une **conclusion** semblable.

Les deux critiques ne tirent pas les mêmes **conclusions** de cette constatation.

conclusive

La première partie de l'exposé est particulièrement **concluante**.

concrete

Son œuvre tend à une représentation **concrète**, mais non pas historique, de la réalité.

condemned

Leur combat semble toujours **condamné** à une subjectivité radicale.

condensation   [> summary]

L'**abrégé** (m.) d'un ouvrage ne peut être fait qu'avec l'autorisation de l'auteur.

condense

Inutile d'essayer de **resserrer** un tel récit.

« Pourquoi arrive-t-on toujours à faire un vers quand on **resserre** trop sa pensée? » —FLAUBERT

condition (human)

Définir la **condition humaine** c'est définir la manière dont s'agencent les différentes dimensions de l'être.

Il se livre dans ce roman à un véritable inventaire de notre **condition**.

« Chaque homme porte en lui la forme entière de l'**humaine condition**. » —MONTAIGNE

confidence

Elle lui inspira **confiance** (f.) en lui-même, et en son œuvre future.

C'est un personnage qui a **confiance** en lui-même.

confident

L'ignorance est **confiante** et crédule.

conflict [> struggle]

Voilà le **conflit** central du roman.

Le **conflit** devra être résolu de l'extérieur pour que la pièce puisse se terminer.

C'est un **conflit** qui oppose la pensée à l'action.

Pas d'action sans obstacle, pas d'amour sans rivalité, du moins au théâtre, sinon il n'y aurait pas de drame.

Tout dans cette scène souligne l'insolubilité du problème.

Dans le tragique, le spectateur a le sentiment que l'obstacle est une force supérieure à l'homme. Dans le comique, il a le sentiment que l'obstacle est une force inférieure, contre laquelle le personnage lutte vainement, dont il est le jouet.

conformity

Gide constata un **conformisme** imposé qui tuait tout esprit critique.

Rien ne me paraît plus sot que le **conformisme** de l'anticonformisme.

confront

Le héros **fait face à** des valeurs absolues. (faire...)

confusion

Il règne dans tout l'ouvrage un **désordre** impardonnable.

connect [> link]

« La vraie liberté est celle qui **lie** tous les intérêts privés à l'intérêt commun. » —BOSSUET (lier)

connection [> relationship]

« La vérité n'est qu'un **rapport** aperçu entre deux idées. » —CONDILLAC

connoisseur

« Est-il de ces beaux **connaisseurs** ou un amateur véritable? » —J. ROMAINS

connotation

La **signification** de cette expression...

Il s'agit pour Mallarmé d'arriver à charger un simple mot du plus haut **potentiel de suggestion** qu'il est possible.

conscience

Les écrivains doivent articuler la mauvaise **conscience** de leur nation.

On y trouve surtout l'analyse d'une **conscience** affrontée à ces obstacles.

Descartes est comme la **conscience** de son temps.

conscientious

Artisan **consciencieux**, il voulait que le livre fût un chef-d'œuvre de typographie.

conscious

Montaigne et Rabelais appartenaient à une époque **consciente** de son grec et de son latin.

consciousness

Il tenait à mourir en pleine **conscience** de son état.

consequence

Il fait au départ un choix chargé de lourdes **conséquences**.

consequently

En conséquence, son premier roman a été perdu.

consider

Gracq est un écrivain que beaucoup **considèrent** comme l'anti-Sartre. (considérer)

Il n'est pas raisonnable de le **tenir pour** le père du réalisme socialiste.

consist of

Son originalité **consiste à** dire ouvertement ce qu'il voit.   (consister à)

La seule différence **consiste dans** l'endroit choisi pour placer cet appel à l'indulgence.

Elle **consiste en** une série d'études en profondeur.

« La vérité **se compose de** vérités qu'il faut taire. »   —Rivarol (se composer de)

consistency

La pièce est entièrement de sa main, à en juger par **l'homogénéité** (f.) du style.

consistent

Ces commentaires sont **en rapport** avec son esthétique.

« L'esprit de l'homme est plus pénétrant que **conséquent**. » —VAUVENARGUES

consonance

« Trop de **consonances** (f.) déplaisent. »   —PASCAL

consonant

« Les **consonnes** en français sont remarquablement adoucies; pas de figures rudes ou gutturales. »   —VALÉRY

constant

(a.) On est frappé de la **constante** récurrence de ces symboles.

Le souci **constant** d'atteindre au vrai...

constant factor

Il y a bien certaines **constantes** de la « chanson verlainienne » qu'il est possible d'isoler et de définir.

construct

Tout cet immense roman **est construit** comme une symphonie.   (construire)

construction

La **construction** du livre, ou plutôt son articulation, est discutable.

consult

Il suffit de **consulter** l'édition de Cintas.

contain

Cet ouvrage **contient** des passages qui sont d'un critique doué d'un véritable sens poétique.   (contenir)

Le passage qu'il a lu ne **renfermait** pas d'allusion précise à...   (renfermer)

Ce sont les essais I et V qui **renferment** les idées les plus neuves.

contained

Le troisième chapitre traite des idées **contenues** dans ce roman.

contemporary

(a.) Quand on parle de roman **contemporain**, Beckett s'entend qualifié de précurseur.

La pièce de circonstance est un ouvrage dramatique sur un sujet **d'actualité**.

content

(n.) Par la suite le **contenu** et la forme s'identifieront.

Il faut, d'après Maurois, exiger des mots un **contenu** précis.

context

Il est injuste de détacher une strophe de son **contexte**.

continuity

« C'est surtout la **continuité** des maux qui rend leur poids insupportable. » —Rousseau

« Il faut [dans un roman] que la **suite** nous entraîne et même nous aspire vers une fin. » —Valéry

continuous

Il n'y a pas eu de rupture dans sa vie intellectuelle: il y a eu une évolution **continue**.

contradict

Il arrive à Proust lui-même de se **contredire**.

Ses lettres semblent **donner un démenti** à cette déclaration.

contradiction

A un lecteur superficiel, cet article donnerait l'impression d'une **contradiction**.

L'auteur admet les **contradictions** apparentes de son caractère.

On ne peut dire que Claudel résolve cette **contradiction**.

contradictory

L'ouvrage provoque deux mouvements d'opinion violemment **contradictoires**.

contrast

(n.) Il y a entre les divers éléments un **contraste** frappant.

Le goût des **contrastes** remonte fort loin.

On voit un **contraste** radical entre les deux.

En **contraste** avec la banalité générale du vocabulaire...

La technique du poème se distingue remarquablement du procédé de **contraste** cher à Hugo.

(v.) Ces deux caractères **font contraste** dans le roman. (faire...)

Du symbolisme il a gardé le sentiment intense de la vie mobile des choses et un accent fluide et mélodieux qui **contraste** avec l'arête ferme et nette de son vers. (contraster)

contribute

Cette conception **a contribué** à assurer l'influence du poète. (contribuer)

contribution

Quel a été l'**apport** de Cocteau à l'art de l'écran?

controversy

La **controverse** entre Camus et Mauriac fait songer à une scène de tragédie.

convention

Son livre rejette délibérément toute **convention** descriptive, psychologique ou narrative.

Toute société repose sur un langage, qui est la première et la plus importante des **conventions**.

conventional

Son analyse n'a signalé que quelques symboles **conventionnels**.

conversation

« La **conversation** de Montesquieu était légère, agréable et instructive. » —D'ALEMBERT

« Le secret de plaire dans les **conversations** est de ne pas trop expliquer les choses. » —LA ROCHEFOUCAULD

« La **conversation** exige qu'on y soit présent tout entier; la plupart des hommes sont absents d'eux-mêmes. » —MAUROIS

Il y a tracé, sur le ton d'une **causerie** familière et sans en faire un exposé suivi, toute une philosophie du bonheur.

converse

(v.) Parfois c'est l'auteur qui **dialogue** avec son personnage. (dialoguer)

convince

Son intention est évidemment d'argumenter et de **convaincre**.

correct

(a.) La réponse ne fut pas **juste**.

Il s'exprime d'une manière **correcte**.

(v.) Balzac avait l'habitude de modifier assez profondément son texte en le **corrigeant**. (corriger)

correspond

Le caractère du héros ne **correspond** pas **à** celui de son adversaire. (correspondre à)

Sa poésie **répond** exactement **à** l'idée qu'on se fait d'une oasis dans le désert. (répondre à)

L'idée et la technique **se rapportent** à la perfection. (se rapporter)

correspondence

La **correspondance** de Mme de Sévigné appartient de plein droit à la littérature universelle.

Il établit un système de **correspondances** entre les dieux et les vertus.

costume

Les **costumes** (m.) aussi portent la marque de l'époque.

couplet   [> distich]

Un **couplet** est une strophe.

Le **couplet** se termine sur le verbe important.

course

Pour bien suivre le **cours** de cette conversation...

Au **cours** de ces dernières années...

court

(n.) La **cour** de François Iᵉʳ fut brillante.

(v.) « Un mari est toujours le dernier à savoir qu'on **courtise** sa femme. » —BALZAC (courtiser)

courtly

La poésie **courtoise** prit naissance au XIIᵉ siècle.

covet

Son ambition **convoitait** une réputation d'érudit. (convoiter)

craft

« C'est un **métier** que de faire un livre, comme de faire une pendule. »
—LA BRUYÈRE

Un artiste apprend son **métier** en copiant les chefs-d'œuvre.

craftsmanship

Ecrire un roman, c'est affaire d'inspiration d'abord, mais c'est surtout affaire de **technique** (f.).

Le choix des mots, leur juxtaposition, certaines coupures de la phrase, la fixation des temps, des modes, si clair, si naturel que paraisse le ton, procèdent de recherches minutieuses.

create

N'oublions pas que Camus a toujours éprouvé un besoin physique de **créer**.

creation

« Les **créations** (f.) de l'art deviennent, avec le temps, des réalités pour la foule. » —AMPÈRE

Dans la **genèse** du drame, une part non négligeable revient aussi à l'influence étrangère.

creative

C'est l'un des plus puissants génies **créateurs** de tous les temps.

« L'art est pour l'homme ce qu'est en Dieu la puissance **créatrice**. »
—LAMENNAIS

L'intelligence **créatrice** chez lui se définit selon le sens étymologique que donne saint Augustin à ce mot: *intus legere*, lire à l'intérieur.

Comment évaluer une œuvre dont l'auteur reste en pleine possession de ses pouvoirs **créateurs**?

creativity

Le discours sur la **création** poétique est au fond du poème mallarméen.

Le **processus créateur** du romancier rejoint ici celui du poète.

Les lois de l'**invention** (f.) littéraire demeurent mystérieuses.

Proust sème son œuvre de pages critiques, où sans cesse il cherche à reconstituer le processus unique de l'artiste.

« Comprendre, analyser, c'est pour l'artiste, détruire et se détruire. »
—LENORMAND

« Le véritable artiste reste toujours à demi-conscient de lui-même lorsqu'il produit. Il ne sait pas au juste qui il est. Il n'arrive à se connaître qu'à travers son œuvre, que par son œuvre, qu'après son œuvre. » —GIDE

« Le poète est le serviteur d'une force qui l'habite et qu'il connaît mal. Il ne doit qu'aider cette force à prendre forme. » —COCTEAU

credibility

La **crédibilité** est l'une des qualités nécessaires au roman.

credulity

« Les grands sujets... ne trouveraient aucune **croyance** parmi les auditeurs s'ils n'étaient soutenus par l'autorité de l'histoire. » —CORNEILLE

Il nous demande une **crédulité** de théâtre plutôt qu'une **crédulité** de roman.

crisis

Le poète ressent très vivement cette **crise**.

Le roman français de la période pré-proustienne était souvent l'histoire d'une **crise**.

criterion

Juger? Selon quel **critère**?

critic

Le **critique** s'apparente au créateur, s'unit à lui et le complète, il est créateur lui-même, ou il n'est rien.

« Je suis un artiste dont l'art propre a pour matière l'art des autres. » —CH. DU BOS

Il craignait le mot « **critique** » dont l'étymologie évoque à la fois *juger* et *séparer*.

C'était un **critique** dramatique dont le feuilleton avait une grande influence.

« Le bon **critique** est celui qui raconte les aventures de son âme au milieu des chefs-d'œuvre. » —A. FRANCE

« Au lieu de respecter les maîtres, les **critiques** encouragent les barbares. » —MAUROIS

« Le **critique** est le célibataire des lettres. » —BARRÈS

critical

L'un des meilleurs esprits **critiques** et théoriques de cette génération...

Toute théorie **critique** enseigne comment la littérature atteint au vrai.

« Malherbe et Boileau se distinguent tous les deux par une forte dose d'esprit **critique**. » —SAINTE-BEUVE

criticism

Boileau fonda dans les *Satires* la **critique** littéraire, à peu près inconnue avant lui.

La **critique** de La Fontaine est presque toujours souriante, aisée, d'allure débonnaire, même quand l'intention est acerbe.

Ils font converger sur l'auteur les lumières de la **critique** universitaire, de la **critique** marxiste, de la **critique** freudienne et de la **critique** structuraliste.

C'est une **critique** dogmatique et moralisatrice.

La **critique** littéraire est un art créateur, autant que l'essai, l'histoire, le roman.

Ce roman a bénéficié en France d'une **critique** enthousiaste.

Depuis une quinzaine d'années la **critique** littéraire s'est exercée à l'auto-critique.

La **critique** n'est légitime que si la connaissance est d'abord parfaite, et il n'est pas de connaissance sans quelque effort de sympathie.

La **critique** est devenue trop historique et trop explicative pour tolérer aujourd'hui les exclusives d'un nouveau Boileau.

« On fait de la **critique** quand on ne peut pas faire de l'art. » —FLAUBERT

« La **critique** d'art est aussi imbécile que l'espéranto. » —CENDRARS

Voilà quelques **jugements** portés sur l'œuvre tragique de Racine.

(new) [> New Criticism]La littérature aujourd'hui la plus avancée, celle qui se montre dans la jeune critique et le nouveau roman...

Il opte pour les expériences de laboratoire plus ou moins classables dans la nouvelle critique ou le nouveau roman—Blanchot, Robbe-Grillet, Butor, Sollers.

Ces essais de Bachelard ont donné l'élan et le modèle pour une critique très neuve, qui cherche à reconnaître dans les ouvrages de l'esprit le rôle et le sens des grands thèmes fondamentaux de la pensée, images fournies par les éléments ou par les figures primitives.

(open to criticism) Ces opinions sont bien sûr critiquables.

criticize

On **critique** dans la vieillesse ce que l'on admirait dans la jeunesse. (critiquer)

Boileau **a reproché à** Molière d'avoir forcé la nature et outré les caractères. (reprocher à)

La presse bien-pensante **condamna** avec véhémence et beaucoup d'ironie la pièce d'Apollinaire.   (condamner)

On ne **trouve** rien **à redire à** la pièce.   (trouver...)

cross out [> strike out]

Mieux vaudrait **barrer** toutes ces phrases fantaisistes.

cultivation

« La **culture** de l'esprit ennoblit le cœur. »   —Voltaire

culture

C'était un homme dépourvu de toute **culture**.

cultured

Trait curieux, le romancier espagnol a peur de paraître **cultivé**, de peur qu'on le tienne pour un intellectuel.

current

(n.) Un **courant** fondamental apparaît dans ses œuvres.

(a.) La critique **actuelle** verse dans le scientisme.

curtain

Le **rideau** permet de découvrir ou de cacher la scène aux spectateurs.

customary

Il est **d'usage** de parler de l'auteur autant que de son œuvre.

customs

Il a fait la satire des **mœurs** (f.) de son temps.

cycle

Un **cycle** est l'histoire d'une famille épique, la suite des poèmes qui en présentent les générations successives et les fortunes variées.

cynical

Devant cette disposition d'esprit **sceptique**...

cynicism

Le **cynisme** succède au déchirement.

« Le **scepticisme** semble mal inspiré quand il s'attaque aux souvenirs les plus vivants de la conscience populaire. » —A. France

d

dactyl

Le rythme du **dactyle** (ˊ˘˘) est un rythme descendant.

daily

(n.) Le **quotidien** est un journal paraissant tous les jours.

(a.) Il restitue l'atmosphère de la vie **quotidienne** à Rome.

danger

Le **danger** de la méthode lui échappait.

daring

Anouilh, virtuose de son art, allie l'**audace** (f.) et l'efficacité.

date

(n.) La **date** du document est inconnue.

(v.) Les testaments **se datent** en toutes lettres.   (se dater)

(date from) Les premières œuvres **datent de** la seconde guerre mondiale.

Son premier roman **remonte à** 1915.   (remonter à)

dated   [> obsolete]

C'est un procédé déjà **démodé**.

daydream(ing)

Il a toujours pensé que la **rêverie** jouait un rôle primordial dans la création littéraire.

deal with   [> concern]

Notre examen **portera sur** trois articles qui **traitent de** la vie de Balzac. (porter sur)   (traiter de)

death

Pour les romantiques, la **mort** constitue un spectacle.

La vieillesse et la **mort** effrayent l'auteur.

debase

Un tel réalisme n'est pas sans **avilir** le sujet.

debate

(n.) Le **débat**, genre très cultivé au Moyen Age, est un dialogue entre des personnages allégoriques.

Pour Péguy, l'affaire Dreyfus était une forme de l'éternel **débat** entre la mystique et la politique.

(v.) On **débat** aussi le sens et la beauté des mots.   (débattre)

debut

Il fit ses **débuts** (m.) au théâtre avec...

C'est dans ce rôle qu'elle a fait son **début**.

decadence

Malgré la pureté de son style, il annonce la **décadence** par le caractère artificiel de son inspiration.

Leurs thèmes favoris dans les romans sont nécessairement ceux de la **décadence**.

decadent

C'est dans un poème de 1884 que Verlaine utilise l'adjectif « **décadent** » avec une intention littéraire.

L'esprit **décadent** fut parfaitement incarné en Des Esseintes, héros du roman de Huysmans, *A rebours*.

Son romantisme est **décadent** quand il chante le goût pour l'artificiel ou le pervers.

decasyllable

Le **décasyllabe** est de beaucoup le plus ancien de tous les vers épiques français.

Avant l'avènement de l'alexandrin, le **décasyllabe** était un vers heroïque.

decent

Avant tout, le langage des réunions précieuses devait être **décent**.

decide

Encore une fois, ce sont les personnages qui **décident de** leur livre. (décider de)

decision

La **décision** avait été prise.

« Concision dans le style, précision dans la pensée, **décision** dans la vie. » —Hugo

Ce **parti-pris** ne manque pas de courage.

decisive

Ce sonnet a été composé par le poète au moment **décisif** de sa vie.

decline

(n.) L'auteur était déjà à son **déclin**.

Abordons le problème du style de la Renaissance en **déclin**.

(v.) La tragédie surtout **décline** rapidement. (décliner)

decor [> scenery]

Le **décor** est d'un réalisme parfaitement inadmissible.

dedicate

L'ouvrage **a été dédié** à... (dédier)

dedication

Dans la **dédicace** du recueil...

defect

(n.) « On est aveugle sur ses **défauts**, clairvoyant sur ceux des autres. » —La Rochefoucauld

defend

Il **défend** Sartre contre le pessimisme dont on l'accuse. (défendre)

Elle **soutient** la cause de l'adversaire. (soutenir)

defiance

Par sa **défiance** de la raison, par son imagination puissante, Pascal diffère des autres classiques.

define

Pour **définir** l'extrême liberté du dialogue...

Il **définit** le caractère et la destinée de l'individu.

Toutes les vertus qui **définissent** les personnages de Stendhal...

L'auteur évite de **définir** pour ne pas prédisposer le lecteur.

Il souhaite n'employer aucun mot qu'il n'**ait défini** auparavant.

definitive work

Il espérait en faire un **livre-somme.**

defy

Cette musique **échappe à** toute analyse.   (échapper à)

Le décor **défie** toute description.   (défier)

dehumanized

Il ne s'agit pas d'un monde **déshumanisé.**

delicate

« L'amour n'est pas si **délicat** que l'amour-propre. »   —Vauvenargues

demands

Rien ne peut satisfaire les **exigences** (f.) de ce critique.

demonstrate

Il **fait preuve de** grandes qualités d'intuition.   (faire...)

demonstrated

« On ne devrait jamais consentir qu'aux vérités **démontrées.** »   —Pascal

demonstration

La **démonstration** d'une pareille technique...

denotation   [> meaning]

Il faut d'abord chercher la **signification** précise de cet adjectif.

denouement   [> outcome]

La logique dans le **dénouement** découle de la logique des caractères et des sentiments.

Comment l'action arrive-t-elle à son **dénouement**?

Le **dénouement** trop bien amené n'est pas convaincant.

denounce

La Bruyère **dénonce** les abus fondamentaux de la société.   (dénoncer)

deny

> Je ne **nie** pas l'importance de ces facteurs.   (nier)
>
> Il **se défend d'**avoir écrit une pièce à thèse.   (se défendre de)

depend on

> L'originalité de ce récit **repose sur** l'interprétation de l'état d'esprit du personnage.   (reposer sur)
>
> L'interprétation **dépend** entièrement **de** cette nuance.   (dépendre de)

depict

> Il les **dépeint** avec violence.   (dépeindre)

depth

> Ce don de **profondeur** (f.) apparaît à tout instant dans les *Pensées*.

derive

> Quoiqu'il soit inexact de **faire procéder** en ligne droite sa poétique de celle de Mallarmé...
>
> Son esthétique **a sa source dans**...   (avoir...)

describe

> Il use de cette image pour **décrire** ses personnages.

description

> Une **description** est bonne quand elle est l'expression de la vérité, la notation des détails les plus expressifs et les plus caractéristiques.
>
> Les **descriptions** sont intenses, éclatantes, écrasantes, et tournent en visions hallucinatoires.
>
> Les **descriptions** tombent tout naturellement à leur place dans la narration.

descriptive

> Le second livre est **descriptif**, à la manière des journaux de voyage.

deserve

> Ce roman **mérite** une très large audience.   (mériter)

desire   [> want]

> (n.) Nous y voyons plutôt une **volonté** de la part de l'auteur de traiter le sujet de la solitude de l'homme.

Ce personnage ne sait plus borner ses **désirs** (m.).

L'**ambition** (f.) des auteurs est identique: se servir de l'écriture pour explorer la part inconnue d'eux-mêmes.

(v.) « On ne peut **désirer** ce qu'on ne connaît pas. »   —Voltaire

despair

(n.) Il s'agit bien de cet humour né d'un excès d'amertume et de **désespoir** (m.).

despite   [> spite]

Malgré son intrigue dramatique...

destiny

Camus estime que ce qui nous manque le plus pour vivre, c'est un **destin**.

La littérature suit la **destinée** de la nation et l'évolution des idées.

« O vanité! ô néant! ô mortels ignorants de leur **destinée!** »   —Bossuet

detail

(n.) « La vraie richesse des spectacles est dans le **détail**. »   —Alain

« Le **détail** en toutes choses est le seul vrai. »   —Maurois

S'y ajoute le souci très féminin du **détail**.

On y trouve beaucoup d'objets décrits avec **minutie** (f.).

detailed

Par son étude **minutieuse**...

Sans prétendre à une étude **détaillée** de la Comédie humaine...

detective story

Le **roman policier** fut d'abord le roman classique de détection.

« De temps en temps, je me réserve un jour à **romans policiers**. »   —Giono

detriment

Au **détriment** du point de vue esthétique...

deus ex machina

Deus ex machina désigne toute intervention inattendue, venant opportuné-ment dénouer une action dramatique.

develop

Le romancier **développa** toutes les ressources de son talent.   (développer)

L'action de la comédie **se développe** rapidement.

Chacun a le droit d'**épanouir** librement son être physique et moral.

L'intrigue **se déroule** sur des bases et dans des circonstances hautement traditionnelles.   (se dérouler)

development

Il n'est pas facile de discerner la ligne précise d'un **développement**.

Il a retracé le **développement** artistique du poète.

Le naturalisme n'a jamais atteint son plein **épanouissement** dans le domaine de la dramaturgie.

Nous n'avons constaté aucune **évolution**.

device   [> technique]

Il met ce **procédé** en œuvre.

Ce **procédé** n'est pas très éloigné de celui qu'emploient certains peintres pour transformer la réalité.

Le **procédé** le plus visible est l'abondance de la notation très brève, de la phrase sans verbe.

Cet auteur use des mêmes **procédés** dont se sert Hugo pour inspirer la terreur.

Ce sont des **artifices de composition** destinés à souligner le retentissement d'une émotion.

Le **tour** est usité.

Le **tour** poétique par excellence est dans la suspension.

Il a utilisé tout l'**arsenal** traditionnel de la comédie.

devoid   [> lack]

Sa langue est **exempte** de délicatesse.

devote

Il **a consacré** plusieurs articles à Valéry.   (consacrer)

Il **s'est consacré** entièrement à la lecture.

devoted

La première partie du récit est **consacrée** au libre jeu de l'imagination.

Les études **vouées** à un examen de ses images sont très rares.

dialogue   [> language]

Camus utilise la technique du **dialogue** à une seule voix.

Les **dialogues** ne sont que des monologues juxtaposés.

Nous admirons le naturel et la poésie de son **dialogue**.

Ses **dialogues** ont toujours le ton juste du langage parlé.

A mi-chemin entre poésie et réalité, les **dialogues** sonnent faux.

Le **dialogue** est facile et vivant, mais il est trop copieux.

Il y utilise le **dialogue** de façon nouvelle.

Examinons cette habileté du **dialogue**.

diarist

« Qu'est-ce qu'un **homme qui tient son journal**? Un bavard, un collectionneur de propos. Rien d'un créateur. Autant dire un zéro. »
—Léautaud

diary

Le **journal** est un écrit où l'on relate les faits jour par jour.

Un **journal** est écrit d'abord pour soi-même.

dictionary

Ce **dictionnaire** est donc strictement un guide du français actuel.

« Notre époque aurait besoin d'un **dictionnaire**. »   —Camus

didactic

Les poèmes **didactiques** abondent dans la littérature française.

« Un livre n'est excusable qu'autant qu'il apprend quelque chose. »
—Voltaire

dieresis

Quand les voyelles qui se suivent se prononcent distinctement l'une de l'autre, nous avons une **diérèse**.

differ

La technique **diffère** d'une technique verlainienne.   (différer)

Voici le point où, le plus sûrement, Saint-Exupéry **se sépare de** Gide.
(se séparer de)

difference

« Enrichissons-nous de nos mutuelles **différences**. »   —Valéry

On y voit la **différence** d'avec la technique proustienne.

Les **divergences** (f.) sont d'ordre esthétique.

different

L'autre nouvelle n'a pas une signification bien **différente**.

difficult

« Mallarmé créait donc en France la notion d'auteur **difficile**.
Il introduisait expressément dans l'art l'obligation de l'effort de l'esprit. »
—Valéry

Il est **malaisé** de définir le style de Fénelon, qui a toujours recherché la pureté plutôt que l'originalité.

digression

Dans l'une de ces **digressions** qui lui sont coutumières...

dilemma

Le **dilemme** posé par Baudelaire, à travers Proust et Valéry rebondit et s'actualise.

On se trouve tout de suite devant un **dilemme**...

dimension

Le réalisme atteint ici sa plus large **dimension**.

direct

(a.) L'œuvre est rédigée dans une langue littéraire, mais d'expression simple et **directe**.

(v.) Il **a orienté** ses efforts vers une description exacte du paysage. (orienter)
Ainsi nous **dirige**-t-il vers le dénouement. (diriger)

dirge [> monody]

La forme de ce **chant funèbre** se prête à une analyse superficielle.

disadvantage [> drawback]

Toute décision aura ses **désavantages** (m.).

La tentative comporte cependant quelques faiblesses et quelques **inconvénients** (m.).

disappear

L'auteur excelle dans la recréation de ce vieux Paris en train de **disparaître**.

disappointing

D'autres commentaires sont **décevants** par leur manque d'approfondissement.

discard

Il faut **écarter** cette trame pour entrer dans l'œuvre réelle.

« D'instinct, un bon artiste **écarte** ce qui n'est pas le sujet. » —CHARDONNE

discipline

(n.) L'auteur s'est imposé une **discipline** spartiate.

(v.) Il a défendu la liberté de l'inspiration contre Malherbe, qui travaillait à **discipliner** la poésie.

disclaim

Il eut beau **se défendre de** toute intention satirique.

disclose

Il en **découvre** peu à peu les détails.   (découvrir)

L'œuvre **révèle** ses secrets à chaque nouvelle lecture.   (révéler)

disconnected

Un article **décousu** et énigmatique sur Hugo...

discover

On **a** récemment **découvert** d'autres pièces du même genre.   (découvrir)

discovery

La **découverte** de cet essai dix ans après sa mort...

discreet

« L'homme **discret** parle quelquefois pour ne rien divulguer par son silence. » —LA ROCHEFOUCAULD-DOUDEAUVILLE

discuss

« **Discutons** souvent, ne disputons jamais. » —SÉGUR   (discuter)

discussion

De la **discussion** jaillit la lumière.   —PROVERBE

disorganized

Il y a dans ce gros livre, difficile, **désordonné**,...

disproportionate

Il donne à ce personnage secondaire une importance **démesurée**.

dispute

(n.) Voudrait-il peut-être engager une **dispute**?

(v.) On **dispute du** talent de cet auteur.   (disputer de)

disregard

(v.) **Négligeons** l'ordre chronologique.   (négliger)

distich

Il est peut-être discutable de faire du **distique** une strophe.

distinguish

C'est ce qui **distingue** ce roman **des** précédents.   (distinguer de)

dithyramb

Le **dithyrambe** est un poème lyrique qui respire l'enthousiasme.

divertissement

Le **divertissement** est une petite pièce écrite pour un théâtre de société.

divide

Son œuvre poétique **a été répartie** en quatre livres.   (répartir)

(line of verse) Apprenez à découper un vers français: quand il y a en fin de mot un **e** muet non élidé, il appartient rythmiquement au groupe suivant: « ces cen/dres, cette flamme. » Tout groupe rythmique prend fin sur un temps fort, une syllabe tonique.

Les six vers suivants—une seule phrase—se décomposent en deux temps.

divine

« L'art et la poésie sont des choses **divines**. »   —CLAUDEL

doctrine

Le poète s'est laissé former par la **doctrine** symboliste.

document

(n.) « Les **documents** sont muets pour qui ne sait pas les animer. »   —RENAN

(v.) Il **se documente** dans un texte ancien.   (se documenter)

Flaubert **se documente** sur les effets de l'arsenic pour représenter l'agonie d'Emma Bovary.

documentary

(n.) Le **documentaire** est un film ayant le caractère d'un document.

(a.) Cette production n'a qu'un but **documentaire**.

documentation

Sa **documentation**, abondante, comprend nombre de critiques étrangers.

documented

Bien présenté, solidement **documenté**...

dogma

Le seul **dogme** auquel il est resté fidèle, c'est le refus de tout dogme.

domain

Avec le personnage du prêtre le roman entre dans le **domaine** de l'absolu.

dominant

Le trait **dominant** de ses poèmes est l'indétermination, le vaporeux.

dominate

Cette philosophie **a dominé** toute la période que nous étudions.   (dominer)

La parodie **a pris le dessus** dans le *Roman de Renart*.   (prendre...)

doubt

(n.) La seconde citation lèverait le dernier **doute** s'il en demeurait un.

(v.) Il ne **doutait** jamais **de** ses forces.   (douter de)

Examinons ces choses dont il doute et nous fait **douter**.

down-to-earth

Il se dégage du livre une philosophie **terre à terre** qui est sans illusion et pourtant sans amertume.

drama   [> play]

Le **drame** est une pièce de théâtre de ton moins élevé que la tragédie.

Drame signifie action, et l'action est avec le spectacle la matière même du théâtre.

Dans ce **drame**, dont la structure est aussi rigoureuse que celle d'un mythe...

(Romantic) Le drame romantique a détruit toutes les conventions du théâtre classique.

dramatic

L'intrigue possède une réelle qualité **dramatique**.

Le genre le plus étroitement lié par les traditions et les règles, c'est le genre **dramatique**.

« Les temps primitifs sont lyriques, les temps antiques sont épiques, les temps modernes sont **dramatiques**. » —Hugo

« Génie lyrique, être soi. Génie **dramatique**, être les autres. » —Hugo

dramatize

Il **a dramatisé** un pamphlet.   (dramatiser)

drawback   [> disadvantage]

C'est là où les méthodes pratiquées par cet écrivain font sentir leurs **inconvénients** (m.).

Son **vice** essentiel est le manque de sens historique.

dream

(n.) Les **rêves** (m.) des personnages se heurtent aux règles de la société.

(v.) « Il me semble que je **rêve** quand j'entends... » —Pascal   (rêver)

duty

(n.) Se connaître et s'accomplir, voilà le **devoir**.

La lutte entre le **devoir** et l'amour devient donc proprement le conflit entre deux devoirs.

Il incombe donc **à** l'artiste de réinventer le théâtre.   (incomber à)

e

easy

Tirer un film du célèbre roman de Joyce n'était pas une affaire **facile**.

La partie narrative est **aisée** à décrire.

eclogue

« L'**églogue** (f.) est l'imitation des mœurs champêtres dans leur plus agréable simplicité. » —Marmontel

economy

> Il y a donc beaucoup d'art dans l'**économie** (f.) de ce roman.

edit

> Nous **avons édité** le texte de cet auteur.   (éditer)
>
> Rolland **rédige** le premier volume de son roman.   (rédiger)

editing

> Son testament confiait l'**édition** (f.) de ces papiers à un groupe d'amis.

edition

> Il faudrait aussi mentionner l'**édition** intégrale de 1922.

editor

> Le **rédacteur** a remanié le texte original.

editorial   [> article]

> L'**éditorial** (m.) d'août parle de la civilisation contestée.

effect

> (n.) Ces images provoquent un **effet** de dépaysement.
>
> L'intérêt est ici dans l'**effet** littéraire que le romancier tire de tels personnages.
>
> Balzac obtenait ses plus grands **effets** en poussant un type au-delà du réel.
>
> Le style raffiné des Goncourt, le style frémissant de Daudet ont été sans **action** (f.) sur Maupassant.
>
> (v.) Guez de Balzac **opéra** dans la prose française une réforme analogue. (opérer)

effective

> Péguy est un polémiste **efficace** et redoutable.

effectiveness

> Il n'use de ses dons littéraires que parce qu'il voit en eux des moyens d'agir avec une plus grande **efficacité**.

ego(t)ism

> Son exigence manifeste seulement l'**égoïsme** primordial.
>
> Nul **égotisme** chez ces gens simples.

elegy

L'**élégie** (f.), petit poème sur un sujet le plus souvent tendre et triste, naquit en Grèce.

element

Il n'est pas facile de décomposer les **éléments** (m.) de son style.

eliminate

A la deuxième page du texte, une comparaison banale **a été supprimée.** (supprimer)

« Il **s'est défait de** quelques traditions.   (se défaire de)

ellipsis

L'**ellipse** (f.) est un procédé qui consiste à éliminer un mot sans affecter le sens de la phrase : par exemple, l'ellipse du verbe :

« Le cœur est pour Pyrrhus, et les vœux pour Oreste. »
—Racine

Le contraire d'**ellipse** est pléonasme.

« L'**ellipse** supprime une partie des mots pour rendre l'expression plus vive. »
—Didier

eloquence

« La vraie **éloquence** se moque de l'**éloquence**. »   —Pascal

Ainsi le lyrisme est éliminé au profit de l'**éloquence**.

« L'**éloquence** est née avant les règles de la rhétorique. »   —Voltaire

« Prends l'**éloquence** et tords-lui son cou. »   —Verlaine

eloquent

« Toute passion est **éloquente**. »   —Hugo

elusive

L'effet est **insaisissable** et pourtant pénétrant.

embellish

On sait que Clemenceau **émaillait** ses discours et ses écrits de vers blancs. (émailler)

Le style, ici, n'a pas pour but d'**enjoliver** la pensée, il est totalement exempt de rhétorique.

embellishment

Cette poésie se permet certains **ornements**, comme les images.

embody

Léonard de Vinci **incarna** la curiosité intellectuelle de la Renaissance. (incarner)

embodiment

Ses romans, ses nouvelles, ses pièces sont des **incarnations** (f.) de sa philosophie.

emerge

Le style de Balzac **s'affirme** dans ce premier livre.   (s'affirmer)

emotion

Il s'interdit toute **émotion** qui porterait la marque de sa sensibilité individuelle.

Pour Valéry, Wagner était surtout un impeccable ordonnateur du développement de l'**émotion** musicale.

L'**émotion** contenue avec laquelle est décrite cette mort...

Chateaubriand avait le mystérieux pouvoir d'insinuer une **émotion** dans tout ce qu'il disait.

emotional

Elle lui répond d'une voix **émue**.

emphasize   [> stress]

Il **insiste sur** le mot « cœur ».   (insister sur)

Il **met l'accent sur** le personnage du Conte.   (mettre...)

Le triomphe de Molière, c'est d'avoir saisi le plaisant dans chaque type, dans chaque situation, et de l'avoir **poussé en lumière**.   (pousser...)

empty

(a.) Cette image est **vide** de tout contenu.

encompass   [> include]

Ce livre est impressionnant par la masse de faits qu'il **brasse**.   (brasser)

encounter

(n.) Les **rencontres** (f.) et les heurts de la jalousie avec l'amour paternel...

(v.) Peut-être ne **rencontrerons**-nous jamais poésie plus simple.   (rencontrer)

end [>close]

(n.) La **fin** du roman est moins impressionnante que le début.

Il dirige sont récit, dès la première ligne, vers son **terme**.

« C'est une tâche, il est vrai, qui n'a pas de **fin**. » —Camus

(v.) Le roman **se termine** sur sa réponse qui touche une vague corde d'espoir.

Les aventures de l'illustre héros **se terminent** toujours bien.

Sa poésie **se referme** sur une note de désespoir. (se refermer)

Le poème **s'achève** sur une note moins optimiste. (s'achever)

ending

La **terminaison** du verbe varie selon la personne.

Le **dénouement** est triste.

energy

Son œuvre entière porte la marque d'une jeunesse, d'une **énergie** volontaire.

enhance

La légende permet d'**amplifier** les mérites d'un grand personnage.

Le rôle du roi **a été mis en valeur**. (mettre...)

enjoy

Il reconnaît que Madame Bovary **jouit d'**une gloire mondiale. (jouir de)

Un langage qu'on pouvait **goûter** sans trop y penser.

Il **avait plaisir à** décrire ses ancêtres. (avoir...)

Il **prenait plaisir à** réunir chez lui des savants de premier ordre. (prendre...)

Il **se plaît à** dessiner des monstres. (se plaire à)

On **prend un petit agrément à** lire son livre. (prendre...)

enjoyment [>pleasure]

Son ouvrage a le rare mérite de combiner l'érudition et l'**agrément** (m.).

enlarge [>expand]

Il s'efforce toujours d'**amplifier** son sujet.

L'auteur remaniait et **accroissait** sans cesse son ouvrage, qui doubla, puis tripla d'étendue. (accroître)

enrich

Le français manquait de mots; il fallait donc l'**enrichir**.

enthusiasm

Quels éléments du *Cid* ont provoqué cet **enthousiasme**?

Il s'agit de Gide et de son puéril **enthousiasme** pour le communisme...

« L'**enthousiasme** n'est pas un état d'âme d'écrivain. »   —VALÉRY

enthusiast   [> fan]

L'**amateur** (m.) cultive un art pour son plaisir et avec compétence.

entr'acte

« Notre théâtre reste un art de l'**entracte** (m.). »   —LERMINIER

entry

Plus de 6.000 **entrées**, groupées par catégories,...

envoy

L'**envoi** (m.) désigne des vers placés à la fin d'une ballade pour en faire hommage à quelqu'un.

epic

« Dans toute **épopée**, la catastrophe est prévue d'avance. »   —CHATEAU-BRIAND

L'**épopée** est un poème de longue haleine; récit d'aventures héroïques accompagnées de merveilleux.

Dans la **chanson de geste**, poème épique du Moyen Age, on célébrait les exploits des paladins.

Les **chansons de geste** témoignent de l'extraordinaire vitalité et de la variété de la création épique.

Epicurean

Il n'a pas accepté la philosophie **épicurienne**.

Epicureanism

L'**épicurisme** (m.) comprend une physique et une morale.

epigram

Le mot **épigramme**, autrefois du genre masculin, est féminin depuis deux siècles.

« J'ai eu la faiblesse de faire quelques **épigrammes**, mais j'ai résisté au plaisir malin de les publier. »   —FONTENELLE

« D'un trait plaisant aiguiser l'**épigramme**. »   —BOILEAU

epigraph

L'**épigraphe** inscrite en tête de son nouveau livre est à la fois humble et présomptueuse.

episode

Il recherche volontiers les **épisodes** moins connus.

L'**épisode** de la « madeleine trempée dans du thé » est universellement connu.

epistle

L'**epître** (f.) est une lettre missive écrite par un auteur ancien.

epistolary

La littérature **épistolaire** est dominée par trois grands noms : Cicéron, Mme de Sévigné et Voltaire.

Le genre **épistolaire** ne doit comprendre que les recueils de lettres familières.

epithalamion

L'**épithalame** (m.) est un poème lyrique composé pour célébrer les louanges de nouveaux époux.

epithet

Une **épithète** est un mot ajouté à un substantif pour le qualifier.

« Les grandes pensées n'ont pas besoin d'un cortège d'**épithètes**. »
—MME NECKER

epitome

Ce personnage est l'**essence** (f.) de l'avarice humaine.

epoch

Peut-on vraiment juger une **époque** par sa littérature ?

« Le grand malheur de l'**époque** c'est l'indifférence. » —GAUTIER

A travers ce livre revit tout l'esprit d'une **époque**.

Une **époque** a les héros qu'elle mérite.

Chateaubriand a contribué à renouveler la critique en montrant qu'une œuvre s'explique par l'**époque** où elle a été créée.

erase [> cross out]

Quelques mots **ont été** complètement **effacés**. (effacer)

Le manuscrit original est très **raturé**. (raturer)

error   [> fault]

De telles précisions conduisent à s'interroger sur les **erreurs** nombreuses que commet Claudel.

Il n'y a pas à reprocher à Balzac ses **fautes** (f.) de style et ses fautes de goût.

erudite

C'est une étude **érudite** de...

erudition

Un tel ouvrage ne peut valoir que par la solidité de son **érudition** (f.).

escape

(v.) La mort offre le moyen le plus certain d'**échapper aux** circonstances. (échapper à)

escapist

C'est un bel exemple de la littérature **d'évasion**.

essay

(n.) L'**essai** (m.) apparaît, avec le roman, comme la forme la plus féconde de la production littéraire contemporaine.

L'**essai** permet une grande liberté de composition, car l'essayiste ne prétend pas traiter à fond la matière.

« *Terre des Hommes* » est un beau recueil d'**essais**, dont certains prennent forme de nouvelles.

L'**essai** est actuellement le genre le plus vivant.

essayist

Les premiers **essayistes** furent des moralistes que exposaient en un style simple des idées moyennes.

essence

Giraudoux cherche sous les choses ordinaires l'**essence** (f.) de notre vie.

essential

(n.) Son exposé va droit à l'**essentiel** (m.).

(a.) Le chapitre initial ne me paraît pas **essentiel** à cet examen du problème de la poésie.

eulogy

« Les hommes sont plus avides d'**éloges** (m.), que jaloux de les mériter. » —LA ROCHEFOUCAULD-DOUDEAUVILLE

euphony

> L'**euphonie** (f.) des voyelles se fait tout de suite entendre.

evaluate

> Les articles **sont** soigneusement analysés et **évalués**.   (évaluer)
>
> Un critique serait capable d'**apprécier** ce livre.

evaluation

> A lire les **appréciations** (f.) que les contemporains y portèrent...
>
> Telle est son **appréciation** de Gide.

event   [> occurrence]

> Il ne se passe que de petits **événements** quotidiens mécaniques.
>
> Ce roman doit être considéré peut-être comme l'**événement** littéraire de l'année.

evident

> Les fautes du prince sont bien plus **évidentes** que celles des particuliers.
> —Maxime orientale

evocation

> A la naissance de l'œuvre proustienne, il y a une **évocation** du passé par la mémoire involontaire.

evocative

> Le style de Chateaubriand est très **évocateur**.
>
> Puisque la langue poétique est un langage de révélation, elle doit être **évocatrice**, tissée d'images et de symboles.

evoke   [> call forth]

> « Je sais l'art d'**évoquer** les minutes heureuses. »   —Baudelaire
>
> Il sait **évoquer** l'antiquité, faire revivre une époque passée.
>
> Proust, c'est avant tout une certaine manière d'**évoquer** le passé.

evolution

> Ces poèmes sont l'achèvement d'une **évolution**.

evolve

> Roland aussi **évolue** tout le long du poème.   (évoluer)

exact

(a.) Il n'est pas **exact** que ce théâtre ne soit pas sérieux.

Giraudoux professait, sur le théâtre, des idées **précises** et simples.

exaggeration

Un pamphlet est toujours une **exagération** passionnée de la vérité, et un feuilleton littéraire veut plus de nuances.

example

Citons quelques-uns des **exemples** les plus frappants.

Il nous paraît utile de multiplier davantage les **exemples.**

A titre d'**exemple** citons l'extrait suivant.

Voici deux **exemples** qui me viennent au bout de la plume.

(in sequence) 1. Rappelons d'abord ce passage dans...

2. Ensuite remarquons ce passage...

3. Comparons ces passages...

4. Citons ensuite ce passage...

5. Et puis, notons ces quelques phrases...

excel

Maupassant **excellait** dans la nouvelle.   (exceller)

Cocteau **excelle** à les décrire.

C'est dans la critique dramatique que Brisson **a** vraiment **excellé.**

excellent

« Dans la poésie, l'**excellent** seul est utile. »   —Villemain

« Les plus **excellentes** choses sont sujettes à être copiées par de mauvais singes. »   —Molière

except

Tous les personnages, **exceptés** les enfants,...

exception

Un acteur modeste est une **exception.**

Le thème de la solitude n'y fait pas **exception.**

excerpt   [> extract]

Ce recueil de **morceaux choisis**...

On trouvera dans le premier chapitre tous les **passages** cités.

exclamation point

Le **point d'exclamation** s'y trouve rarement.

excuse

(n.) Ce thème sert de **prétexte** (m.) à une explosion d'anticléricalisme.

(v.) Une telle erreur n'est pas à **excuser**.

« Le monde **pardonne** tout quand on réussit. » —Bossuet (pardonner)

exercise

(n.) Ce ne sont que des **exercices** (m.) académiques.

(v.) Il **exerce** sa critique sur ses amis mêmes. (exercer)

exert

Cette philosophie **exerce** une grande influence sur les idées actuelles. (exercer)

existentialism

L'**existentialisme** (m.) est donc avant tout une philosophie morale...

existentialist

(a.) Les nouvelles sont des illustrations de thèses **existentialistes**.

exordium

L'**exorde** (m.), ou entrée en matière d'un discours, doit être court, et tiré du fond même du sujet.

« Tout discours a son **exorde**, comme toute pièce de théâtre a son exposition. » —Didier

exotic

A ses phrases sont toujours accrochés d'âcres parfums **exotiques**.

exoticism

« Chateaubriand est surréaliste dans l'**exotisme** (m.). » —Breton

expand   [> enlarge]

Les additions dont il **gonfla** plus tard les essais... (gonfler)

expanded

D'après l'édition **augmentée** de 1950...

expect

> Le spectateur **s'attend à** une séquence logique.   (s'attendre à)
>
> On **attendait** d'elle plus de liberté dans son art.   (attendre)

experience

> (n.) Sartre dénie à Proust le droit de tirer des conclusions générales de son **expérience** (f.).
>
> Quelles sont les **expériences** intimes qui donnent un tel accent de sincérité à cette poésie raffinée?
>
> « Je m'en reposerai sur votre **expérience**. »   —Racine
>
> (v.) J'ai moi-même **éprouvé** sa fureur le jour de son départ. »   —A. France (éprouver)

experiment

> (n.) Il a donc tenté une **expérience** sur le héros.
>
> (v.) **Faire une expérience** littéraire ne fut jamais son but.

expertise

> Le trait rapide, la réflection incisive demandent du **métier** de la part des interprètes.

explain

> Il n'écrit pas pour peindre, mais pour **expliquer**.
>
> On **s'explique** mal la désaffection qui frappe aujourd'hui la nouvelle.
>
> Dans sa préface, le romancier **éclaire** son propos.   (éclairer)
>
> Tout **se découvre** dans la dernière scène.   (se découvrir)

explanation

> Cela lui permet d'esquisser une **explication** globale.

explanatory

> Des notes **explicatives**, ajoutées à la fin du texte...

explicate

> **Expliquer** un texte, c'est l'ouvrir comme un éventail pour en mieux faire comprendre et admirer le dessin.

explication

> L'étude du style est la pierre angulaire de l'**explication** (f.) d'un texte.

exploit

(n.) Les **exploits** du héros sont longuement décrits.

« Ses rides sur son front ont gravé ses **exploits**. » —CORNEILLE

(v.) Il a voulu **exploiter** plus complètement le procédé du quiproquo.

exposition

Dans le théâtre français classique, l'**exposition** se trouve placée au début de la pièce.

express

« L'artiste exprime son univers. Comment faut-il s'y prendre pour **exprimer** le beau, le simple et le vrai ? » —G. SAND

Il a le don de les voir et le don de les **rendre**.

Jamais Sartre ne **s'est** mieux atteint ni mieux **livré** que dans ces deux cents pages, et il a rarement usé d'une meilleure plume. (se livrer)

expression

L'auteur fait preuve d'une puissance d'**expression** (f.) peu commune.

Les classiques recherchaient surtout la netteté de la pensée, persuadés que l'exactitude de l'**expression** suivrait.

expressionism

L'**expressionnisme** (m.) vise à trouver un mode d'expression des sensations.

Il renonce aux facilités de l'**expressionnisme**.

expressionist

Rimbaud, le révolté, a exercé son attrait sur plusieurs poètes **expression-nistes**.

extensive

Son œuvre poétique est également **considérable**.

extent   [> scope]

Le succès fut grand, non par l'**étendue** (f.), mais par la qualité.

Dans quelle **mesure** y a-t-il réussi ?

exterior

Son originalité est de noter toutes les choses **extérieures** par lesquelles les hommes se révèlent.

extract   [> excerpt]

(n.) « Les **extraits** (m.) ne peuvent servir qu'à nous renvoyer à l'œuvre. » —A<small>LAIN</small>

(v.) On peut **dégager** de sa correspondance les caractéristiques essentielles de l'écrivain.

extraneous

Ce roman est nourri de faits divers et d'événements **extérieurs** à l'essence même de sa structure.

extraordinary

Il cherche à nous faire connaître l'**extraordinaire** dans le quotidien, le merveilleux dans le familier.

f

fable

Chaque **fable** est composée comme un drame, avec son exposition, ses péripéties, son dénouement.

La Fontaine a puisé dans plusieurs fabulistes la matière de ses récits, sans enlever à la **fable** la concision qui est la loi du genre.

fabliau

Les **fabliaux** (m.) sont des contes drolatiques tirés de la vie commune.

fabulist

Dès le début de sa carrière de **fabuliste** (m.)...

face

(n.) Le **visage** est le miroir de l'âme.

« Vous faites là, ma nièce, une étrange **figure**. » —M<small>OLIÈRE</small>

« Ils ont changé la **face** de la chrétienté. » —P<small>ASCAL</small>

« A partir de quarante ans, on a la **tête** qu'on mérite. » —S<small>TENDHAL</small>

(v.) Il **a fait face au** problème. (faire...)

Jamais l'homme intelligent n'**a affronté** ce genre de situation. (affronter)

fact

> Il n'a présenté que les **faits** (m.) historiques.
>
> « Ramassons des **faits** pour nous donner des idées. » —BUFFON

factor

> Il a tendance à exagérer l'influence de certains **facteurs** sociologiques.
>
> « Le temps est un grand **élément** dans la politique. » —J. DE MAISTRE

fail

> Il **échoua** chaque fois qu'il voulut hausser le ton.   (échouer)
> Il ne faut pas **omettre** de signaler que...

failure   [> unsuccessful]

> (n.) Son théâtre fut un **échec** complet.
>
> L'**insuccès** fut total.
>
> (a.) Sans doute faut-il reconnaître que l'œuvre est **ratée**, en tant que roman tout au moins.

false

> Cela sonne le **faux** et l'artificiel.

falsify

> Il **fausse** parfois ses portraits.   (fausser)

familiar

> « Le grand art, ce me semble, est de passer du **familier** à l'héroïque. » —SAINTE-BEUVE
>
> Elle a tout de suite pris un air **familier**.

famous

> Le livre devint presque immédiatement **célèbre**.
>
> Le livre fit de son auteur l'un des auteurs **célèbres** de son temps.
>
> Roland est un héros **fameux**.

fame

> La **renommée** lui est venue très tard.

fan   [> enthusiast]

> Les **fervents** (m.) de Malherbe ne lisent pas toujours ses poèmes.

fantastic

Le goût du **fantastique** est un des traits du romantisme.

Dans les contes **fantastiques** on introduit des fantômes, des revenants, des êtres imaginaires.

fantasy

Cette **fantaisie** touche parfois à l'humour ubuesque.

(by) far

C'est **de loin** le meilleur livre écrit sur la *Comédie humaine*.

farce

La **farce** ne vise qu'à faire rire par ses plaisanteries, souvent grossières, et par la peinture satirique des mœurs et des caractères.

farcical

Les éléments **farcesques** abondent.

fashion   [> manner]

(n.) La **vogue** actuelle du cinéma d'Europe de l'Est...

« La **façon** de donner vaut mieux que ce qu'on donne. »   —CORNEILLE

(v.) Voilà les idées qui **façonnent** les hommes.   (façonner)

Il en **a formé** un plan.   (former)

fashionable

L'autobiographie est **à la mode**.

Faire des maximes était un divertissement très **en vogue** dans la société.

fast-moving

Les épisodes successifs **s'enchaînent à un rythme étourdissant**.   (s'enchaîner)

Depuis le début du récit jusqu'à son dénouement, tout **se déroule dans une sorte de frénésie d'espace dévoré**.   (se dérouler)

fatalism

Une tragédie qui emprunte sa noirceur au **fatalisme** de Sophocle...

fate

Le **destin** de certains écrivains se devine à la lecture de leurs ouvrages.

fault [> error]

Il montre plus les **défauts** (m.) de l'homme que ses qualités.

Ce n'est pas l'imagination de la romancière qui serait en **défaut**.

« Les plus expérimentés dans les affaires font des **fautes** capitales. » —Bossuet

faulty

On se demande s'il ne s'agit pas d'une **mauvaise** lecture du manuscrit.

favor

(n.) Ayant gagné sa **faveur**...

(v.) La Fontaine **affectionnait** précisément ces deux espèces de vers à cause de leur souplesse et de leur facilité à s'associer. (affectionner)

favorite

Chacun a ses auteurs **préférés**.

Une expression **favorite** de Gide était...

Il les a écrits pour exposer des idées qui lui **tenaient à cœur**. (tenir...)

feature

(n.) C'est le **trait** dominant de la poésie de Baudelaire.

(v.) La phrase est construite comme un tableau classique, dont le personnage principal **est** clairement **mis en valeur** au centre. (mettre...)

feel

Elle **éprouve** la nostalgie de sa maison et de ses enfants. (éprouver)

« Notre cœur ne doit être bon qu'à **sentir** celui des autres. » —Flaubert

On s'imagine l'impression que peut **ressentir** le spectateur devant une telle scène.

feeling

(n.) Voulant exprimer les **sentiments** forts qui l'obsédaient...

Le romancier y note seulement les **sentiments** de son personnage.

Tous les héros camusiens sont, dans leur quête du moi, à la chasse de **sentiments** authentiques.

felicitous

Cet emploi de la mythologie n'est pas toujours **heureux**.

feminist

Corinne présente pour la première fois dans le roman les revendications **féministes.**

fiction

S'il a recours à la **fiction,** c'est pour mieux dire le vrai.

Cet écrivain n'a fait que du **roman.**

(light) A part ces romans de lecture facile...

fictitious

Vraie ou **fictive,** elle sert à la fois de thème et de technique.

figurative

« Ce style **figuré** dont on fait vanité. » —Molière

« L'usage de mots pris dans un sens **figuré** est commun dans toutes les langues. » —d'Alembert

figuratively

Au figuré, ce mot représente...

figure of speech [> metaphor]

La **trope** est toute figure de rhétorique dans laquelle on emploie les mots avec un sens différent de leur sens habituel.

fill

C'est l'amour de la nature qui **remplit** ses deux principaux ouvrages. (remplir)

filled [> replete]

Ce petit chef-d'œuvre en prose **tout plein d'**humour...

« J'ai la tête si **pleine** de ce malheur. » —Mme de Sévigné

film

(n.) Elle venait de tourner un **film** à l'étranger.

On connaît le mépris témoigné par bien des lettrés au cinéma, dans lequel ils ne veulent voir qu'une collection d'images.

(v.) Qui saurait **mettre à l'écran** ce roman extraordinaire?

Il **a fait tourner** ce scénario en deux mois. (faire...)

(horror)   Des films vampiriques des années 20...

(poetic)   Cocteau fut l'un des premiers à réaliser des films-poèmes.

(second-rate)   Le cinéma de bas étage...

(short)   L'un de ses courts-métrages sort dans les salles de cinéma.

film festival

Ces films y seront présentés au cours du **festival** qui vient de s'ouvrir.

filming

Il commencera le **tournage** de...

filmmaker

Le **cinéaste** écrit avec une encre de lumière.

Le jeune **cinéaste** entreprend de consacrer un film d'amateur à ce roman.

fin de siècle

Fin de siècle implique une idée de décadence raffinée.

« Vous ne me trouverez pas très **fin de siècle**, mais... je ne comprends pas. »
—PROUST

first draft   [> sketch]

Le **manuscrit du premier jet** est écrit sur deux feuilles quadrillées de cahier d'écolier.

Il écrivit plusieurs de ses contes « tout d'une haleine, au courant de la plume. »

flair

Le critique y fait preuve de **flair** (m.) littéraire et de connaissances précises.

flashback

L'agencement classique est bousculé seulement par quelques **retours** (m.) **en arrière**.

Une série de **rappels** (m.) prépare l'incendie qui constituera l'action finale du roman.

Au sein de ce **flashback** la construction évoque un récit au rythme brisé.

flawless

La sobriété de l'analyse est **sans faille**.

flourish

(v.) Ces idées **florissaient** il y a deux siècles.   (fleurir)

Cette poésie **s'épanouira** dans certains poèmes de Verlaine.   (s'épanouir)

La villanelle, d'un rythme agile et d'une grâce naïve, **fit florès** au XVIe siècle.　(faire...)

follower

Parmi les **disciples** (m.) de Descartes...

following

(n.) Il a gagné un **public** nombreux.

(a.) Une solide introduction traite des sujets **suivants**: ...

Faisant suite aux quatre premières biographies...

foot (of verse)

Le vers hexamètre en latin est composé de six **pieds** (m.).

footnote

(n.) Les **notes explicatives**, au bas de chaque page,...

force

(n.) M. Beckett écrit comme sous la dictée d'une **puissance** obscure qui l'inspire.

(v.) Ce roman nous **contraint** de réfléchir sur la misère et la grandeur de notre condition.　(contraindre)

forced

Il est vrai que le tragique fait irruption à la fin dans un dénouement quelque peu **forcé**.

foremost

Je tiens Mallarmé pour un de nos **tout premiers** poètes français.

foreword

Il développe cette idée dans l'**avant-propos** (m.) du roman.

form

(n.) « La **forme** ne peut se produire sans l'idée et l'idée sans la **forme**. » —Flaubert

Le travail de la **forme** profite à la clarté des idées.

L'ensemble contient suffisamment de trouvailles de **forme** pour qu'on ait le sentiment d'une évolution significative dans l'art de Mauriac.

Il expérimentait avec des **formes** littéraires neuves.

L'idée se présente d'abord sous la **forme** d'une question.

(v.) Les lectures le **formèrent** plus que les professeurs.   (former)

Le critique **forme** le goût public.

C'est plutôt le poète qui **forme** des sons harmonieux.

La comédie moderne **s'est constituée** lentement par le groupement d'éléments dispersés dans d'autres genres.   (se constituer)

formal

(a.) Le nouveau roman séduit le lecteur par ses qualités documentaires et **formelles**.

Son style trop **académique**...

formless

On trouve l'ouvrage plutôt **informe**.

formula

Racine n'apporte pas de **formule** nouvelle au théâtre.

Il paraît avoir atteint dans cette œuvre une **formule** définitive.

formulate

Plusieurs de ces remarques **furent formulées** à propos de Mallarmé. (formuler)

formulation

L'**articulation** (f.) de ce paragraphe est à étudier.

found

Il **fonda** une petite revue littéraire.   (fonder)

La critique **instaurée** par Baudelaire et le symbolisme...   (instaurer)

founder

(n.) Boccace fut le **fondateur** de la prose italienne.

fragment

(n.) Sartre en a donné quelques **fragments** (m.), mais on croit sentir que le livre ne sera jamais terminé.

fragmentary

Son œuvre reste **fragmentaire** en bien des choses.

framework

Corneille place tous ses héros dans un **cadre** héroïque.

free

(a.) « L'homme est condamné à être **libre**. »   —SARTRE

(v.) Les écrivains en même temps **se sont** graduellement **affranchis de** tous les dogmatismes.   (s'affranchir de)

freedom

Dans ses vers il s'exprime avec une **liberté** totale.

free verse

Les **vers libres** traditionnels sont tout simplement des vers de mesures différentes, les vers des fables de La Fontaine.

Les **vers libres** modernes sont en dehors des règles de la versification.

On appelle **versification libre** celle dans laquelle des vers de toutes mesures sont mêlés selon le caprice du poète.

Le vers se désarticule, sautille, échappe à toute mesure métrique.

friendship

C'est un livre consacré à l'**amitié** (f.).

« **Amitié!** O belle aventure, plus mystérieuse que l'amour. »   —DUHAMEL

frustrated

Tout critique est à l'origine un écrivain **manqué**.

fulfill

« L'avenir prend soin de **réaliser** les rêves des philosophes. »   —A. FRANCE

function

(n.) Ils ont chacun leur **rôle** social.

(v.) « Son active pensée **fonctionne** à vide. »   —GIDE   (fonctionner)
Cet adjectif **fait fonction** d'adverbe.   (faire...)

fundamental   [> basic]

Persuadé de l'absurdité **fondamentale** de l'existence...

fundamentally

Le fait d'écrire consiste **en fin de compte** à faire état du silence.

funny   [> amusing]

Ce récit **amusant** a eu un grand succès de librairie.

future

(n.) Quel sera l'**avenir** de ce théâtre?

Tous les verbes sont au **futur**.

(a.) Le lecteur ne connaît pas les événements **futurs**.

g

gain

(v.) Ses pièces **gagnent** en crédibilité ce qu'elles perdent en poésie.   (gagner)

gap   [> omission]

La poésie néolatine va combler cette **lacune**.

general   [> overall]

Le rayonnement de Rousseau en Russie n'a pas encore fait l'objet d'un travail scientifique **d'ensemble**.

« Les esprits débiles n'ont pas la force d'enfanter les idées **générales**. » —Taine

generalities

« Toutes les **idées générales** sont fausses et ceci est une idée générale. » —Alain

generosity

« La **générosité** est la vertu des grandes âmes. »   —Rollin

generous

Le héros a donc fait une action **généreuse**.

genius

« Le **génie**, c'est le bon sens appliqué aux idées nouvelles. »   —Mme de Staël

Ce qui lui a manqué, c'est l'étincelle du **génie**.

Proust a dit toutes ces choses avec beaucoup plus de **génie**.

genre

C'est une combinaison des deux **genres** (m.).

La notion de « **genre** » oscille entre l'idée de cadre, purement formelle, et celle de ton, déjà beaucoup plus profond.

Les auteurs ne s'astreignent plus à suivre les règles qui séparaient impérieusement les **genres**.

Brunetière a cru découvrir dans la littérature une évolution des **genres** analogue à celle que l'on constate en histoire naturelle.

gentleness

Son œuvre laisse une impression de **douceur** (f.).

gesture

(n.) Dès les premières pages, on sent que l'héroïne regrette son **geste**.

L'**expression** (f.) **gestuaire** supplée à la parole.

gift

« Il est bien moins content du **don** que de la manière dont il lui a été fait. » —LA BRUYÈRE

gifted

C'est un des écrivains les plus **doués** de sa génération.

given

Nous pouvons suivre Balzac par une période **donnée**.

(at a) glance

Certains poèmes sont appréhendés **d'un coup d'œil**.

glance (through)

Quand je **parcours** l'œuvre de Sartre...　(parcourir)

En **feuilletant** les essais de Montaigne...　(feuilleter)

glory

(n.) Le poème à la **gloire** d'une ville constitue un genre fort apprécié des latinisants.

« La **gloire** ne dépend pas de l'effort, lequel est généralement invisible: elle ne dépend que de la mise en scène. »　—VALÉRY

glossary

Le **glossaire** (2000 mots) sert à élucider les difficultés de la langue.

goal [> aim]

A-t-il atteint le **but** qu'il s'était fixé ?

golden mean

Il faut ici revenir à la théorie, chère à Molière, du **juste milieu**.

good

(n.) « Elle contemplait le **bien** et le mal du même œil ébloui. » —Colette

Gothic

L'architecture dite faussement **gothique** est d'origine française.

grammarian

« Les grands écrivains n'ont jamais été faits pour subir la loi des **grammairiens** (m.) mais pour imposer la leur, et non pas seulement leur volonté mais leur caprice. » —Claudel

grandeur

Où est le romancier qui présentera la **grandeur** tragique du bourgeois au xxᵉ siècle ?

grasp

(v.) Il est donc possible de **saisir** les nuances de cette phrase.

gratuitous act

C'est dans cette sotie que, pour la première fois, Gide parle de l'**acte gratuit**, fait sans raison, sans motif.

great

Ai-je été trop sévère pour ce livre plus gros que **grand** ?

grief

Il n'aime pas à mettre en vers ses **douleurs** privées.

group

(n.) Ce **groupe** d'écrivains comprend les noms suivants: ...

(v.) « Les strophes **se groupaient** comme un essaim d'abeilles. » —Gautier (se grouper)

guard against

Il faut **se garder de** la nouveauté, répondrait Boileau.

guilt

Naturellement, c'est de la **culpabilité** qu'il s'agit.

guilty

Mais il avait déjà la conscience **coupable**.

h

hackneyed   [> trite, worn-out]

Il trouve l'intrigue de ses livres dans les vieux thèmes **rebattus** de la comédie antique.

hagiography

L'**hagiographie** (f.) et l'épopée sont les premiers genres littéraires à voir le jour dans le nord de la France.

(on the other) hand

D'autre part, son vocabulaire est bien limité.

handbook

Le **manuel** ne renferme qu'un abrégé de notions littéraires.

handle

(v.) La thèse qu'il expose **est** brillamment **menée**.   (mener)

Il **a manié** toutes ces formes avec un réel instinct du rythme.   (manier)

Il **brasse** avec aisance les grands thèmes de son époque.   (brasser)

handling

Par le développement des caractères et le **maniement** des situations, c'est une véritable comédie.

happiness

L'écrivain met en doute le caractère chrétien de ce **bonheur**.

harmonious

La phrase est **harmonieuse** quand elle est à la fois belle à voir et belle à entendre.

harmony

L'**harmonie** imitative était déjà dans l'Antiquité un procédé expressif.

L'**harmonie** des mots consiste dans l'accord de leurs sons.

L'art de Diderot est en **harmonie** avec son tempérament et sa philosophie.

Avec les romantiques, l'**harmonie** imitative est devenue suggestive.

« Le grand art a pour essence l'**harmonie**. » —ROLLAND

hate

(n.) Son poème capital est tout plein de ses **haines** (f.) et de ses colères.

(v.) Il aime les textes, mais il **a horreur des** pédants. (avoir...)

heart

Voilà le **cœur** du drame et l'intérêt majeur de ce livre.

hemistiche

L'**hémistiche** (m.) est une partie d'un vers coupé par la césure.

heptasyllable

Dans cette fable, l'**heptasyllabe** (m.) court et se défile.

hero   [> protagonist]

Le **héros** romanesque est beaucoup plus proche de son créateur que le héros théâtral.

Celui qui tire tout de suite la leçon des choses, c'est un raisonneur, un **héros** de roman à thèse, de roman non romanesque.

Dans une large part du roman, le clochard ou le voyou ont pris la place du **héros** classique.

« Je ne placerai pas le **héros** de mon poème dans un milieu pauvre. » —BAUDELAIRE

(anti-hero) L'anti-héros est peu héroïque ; il n'est plus le personnage principal de l'histoire. Il subit les événements bien plus qu'il ne les détermine.

(destroyed) « Il y a toujours une destruction du héros, d'une façon ou d'une autre. »   —R. BAYER

(epic) Le héros épique représente toujours une exaltation de l'homme selon l'idéal d'une époque.

(imaginary) Balzac est hanté par un monde de héros imaginaires très différents de lui.

(Romantic) Le héros romantique, orgueilleux, solitaire et fatal, est le fils de René.

La génération romantique applaudit dans Anthony un héros conforme à son idéal: ténébreux, exalté et révolté.

heroic

Les chansons de geste nous montrent le rêve **héroïque** de nos aïeux.

heroine

Après une bagarre conjugale, l'**héroïne** projette de se rendre à Nice.

heroism

L'**héroïsme** cornélien est l'affirmation de la volonté.

hesitate

Il n'**a** pas **hésité** à agir.   (hésiter)

hiatus

L'**hiatus** est absolument proscrit par les règles de la poésie classique.

L'**hiatus** est la rencontre de la voyelle finale d'un mot et de la voyelle initiale du mot suivant; ces deux voyelles subsistent l'une devant l'autre: si un [siœ̃].

high point   [> apogee]

La mise en scène de cette pièce restera **le point culminant** de cette année dramatique.

hinge upon

Le poème **pivote autour de** l'image du miroir.   (pivoter...)

Le dénouement **dépend des** actions qui précèdent.   (dépendre de)

historian

Le premier de nos grands **historiens** est Villehardouin.

Voltaire est le vrai précurseur de nos **historiens** modernes.

Balzac a été l'**historien** de la société de son temps.

« Un excellent **historien** est peut-être encore plus rare qu'un grand poète. » —FÉNELON

historical

Les détails du roman **historique** peuvent être inventés, mais le sujet est tiré de l'histoire.

history

La vraie littérature est toujours liée à l'action, c'est-à-dire à l'**histoire** (f.).

« Pour bien écrire l'**histoire**, il faut être dans un pays libre. » —Voltaire

« A certains moments l'**histoire** semble l'œuvre d'un romancier feuilletoniste. » —J. Romains

« L'**histoire** tente de transformer le destin en conscience et l'art de le transformer en liberté. » —Malraux

« Aujourd'hui on invente l'**histoire** de demain. » —Chardonne

homoeoteleuton

L'**homoïotéleute** (m.), ou répétition du son final...

L'**homoïotéleute** repose sur l'utilisation de l'écho: « elle pue le serv**ice**, l'offi**ice**, l'hosp**ice** ». —Balzac

homograph [> homonym]

Les **homographes** (m.) s'écrivent et se prononcent de la même manière: bière (boisson) et bière (cercueil).

homography

La tyrannie de l'œil à l'époque classique a été telle, que pour sauvegarder l'**homographie** (f.) des rimes, on a accepté de violer l'orthographe.

homonym [> homophone, homograph]

Les **homonymes** (m.) se prononcent de la même façon, quoique leur orthographe diffère: saint—sein. Se dit aussi des mots de même orthographe, mais de sens différent: pas—pas.

homophone [> homonym]

Les **homophones** (m.) se prononcent de la même manière sans avoir la même orthographe: vin—vingt.

honor

(n.) La société féodale était fondée sur deux grands principes: l'**honneur** (m.) et la foi.

honored

Le poète le plus **à l'honneur** cette année a été...

hope

(n.) *Godot* vient d'un mot anglais et il s'agit, au fond, du problème de l'**espérance** humaine.

La dignité s'y révèle difficile à conquérir, l'**espoir** (m.) âpre à gagner.

(v.) Il **espère** la victoire totale.   (espérer)

Le romancier **espère** revivre en ses personnages.

human

(a.) Un récit émouvant, profondément **humain** et conduit de main de maître.

Ce livre optimiste professe une foi inébranlable en la perfectibilité **humaine**.

« Je ne sais pas pourquoi on loue un auteur d'être **humain** quand tout ce qui agrandit l'homme est inhumain ou surhumain. »   —VALÉRY

humanism

En France l'**humanisme** (m.) se chargea d'érudition, sous l'influence de notre esprit critique.

humanization

« La force irrésistible du franciscanisme était dans son **humanisation** (f.) de la douleur. »   —A. MALRAUX

humor

Il a choisi de clore sa pièce sur une note de bonne **humeur**.

Il possède une qualité, rare chez les romanciers français, qui est un sens de l'**humour** (m.).

On a remarqué au passage les mots sur lesquels rebondit l'**humour** d'Apollinaire.

L'**humour** de Giraudoux tourne sur la perception du sens dans le non-sens.

L'**humour** noir souligne avec cruauté, amertume et parfois désespoir, l'absurdité du monde.

humorous

C'est une œuvre **humoristique** très célèbre.

hypallage

L'**hypallage** (f.) est le résultat d'une sensation générale dont la traduction est rattachée syntaxiquement à un détail particulier ; « rendre quelqu'un à la vie » pour « rendre la vie à quelqu'un ».

hyperbaton

L'**hyperbate** (f.), synonyme d'inversion, caractérise la langue poétique et consiste à intervertir l'ordre logique des mots d'une phrase.

hyperbole

Une **hyperbole** met en relief une expression en employant des mots qui vont au-delà de la pensée: « un ange » pour « une personne aimable ».

hypocrisy

Cette histoire [*La Symphonie pastorale*] devait trouver place dans le cycle des romans de l'**hypocrisie** (f.).

hypotaxis

L'**hypotaxe** (f.) est la subordination d'une proposition à une autre proposition: « Je crois qu'elle a raison. »

hypothesis

« Plus je vais, et plus l'**hypothèse** (f.) de l'au-delà m'est inacceptable. » —GIDE

hysteron proteron

L'**hystéro-protéron** (m.) est une figure par laquelle on peint le désordre de l'esprit en disant d'abord ce qu'il ne faudrait dire qu'après; « Il fut brûlé, pendu et ses cendres jetées au vent. »

i

iamb [> rhythm]

L'**ïambe** (m.) est un temps faible suivi d'un temps fort (˘ ´).

Ce poète admire les **ïambes** d'André Chenier.

iambic

Le vers **ïambique**, vif et rapide, était employé dans l'antiquité pour la satire personnelle.

idea

« L'**idée** (f.) est la chose même conçue. » —DESCARTES

« Les **idées** n'ont pas besoin des hommes. »   —Rolland

C'est un livre d'**idées**, un essai d'une remarquable densité de langage, qui exerça sur toute une génération une influence profonde et durable.

« L'**idée** naît de la phrase comme le rêve des positions du dormeur. » —Cocteau

Il semble que l'auteur nous livre ici l'**idée**-clef de toute la pièce.

ideal

(n.) Tout le travail du xvie siècle sera d'adapter l'**idéal** italien au génie français.

(a.) La cour du roi Arthur est un séjour **idéal**.

idealism

Son **idéalisme** (m.) ne tarda pas à fléchir.

idealistic

Il y a le grand sujet mallarméen du poète enfermé dans l'univers **idéaliste** qu'il construit.

idealization

« L'**idéalisation** (f.) de l'art n'opère pas forcément dans le sens de ce que le public appelle ordinairement: la beauté. »

identify

La représentation des passions amène le lecteur ou le spectateur à **s'identifier avec** le héros qui les éprouve.

Le public **reporte ses passions sur** les personnages de la scène et du cinéma. (reporter...)

idiom

Les **idiotismes** (m.) de la langue française s'appellent gallicismes.

idyll

L'**idylle** (f.) est un petit poème chantant l'amour dans un décor champêtre.

ignorance

« C'est la profonde **ignorance** qui inspire le ton dogmatique. » —La Bruyère

Il fait preuve d'une **inconscience** totale des faits.

illogical

La conclusion qu'on souhaiterait serait un peu moins **illogique**.

illogicality

Il s'en tire par un jeu de mots qui souligne l'**illogisme** (m.) de la dernière phrase.

illusion

L'intrigue est un entrelacement de réalité et d'**illusion** (f.).

illustrate [> show]

Il voulait **illustrer** cette thèse par un exemple décisif.

Cette thèse se trouve magistralement **illustrée** par deux exemples empruntés à Rimbaud.

Sa description contient des éléments qui **témoignent d'**une imagination exceptionnelle.   (témoigner de)

illustration

L'ouvrage est abondamment orné d'**illustrations** insérées dans le corps de la discussion.

Les nouvelles du *Mur* sont des **illustrations** de thèses existentialistes.

illustrious

Dans la fameuse lettre qu'il adressa à l'**illustre** écrivain...

image

Tout vocable est susceptible de faire surgir une **image** chez le lecteur.

Ce qui frappe surtout ce sont les **images.**

Les **images** sont parfois un peu trop cherchées.

La même **image** débouche sur deux sens.

Ces mots mêmes sont riches d'**images** latentes.

L'**image** dans ses romans revêt principalement la forme de la comparaison.

L'**image** se développe, se complète, s'organise, devient une réalité vivante et reste néanmoins le symbole d'une pensée profonde.

(surrealist) Ces images restent fidèles aux critères de l'image surréaliste.

(symbolic) Cela aboutit par une série d'images à valeur symbolique.

(symbolist) Le miroir est pourtant une des images-clés du symbolisme.

imagery

D'autres critiques se sont plutôt attachés à certains aspects de son **réseau d'images**.

imaginary

(n.) La lente introduction de l'**imaginaire** (m.) dans le réel est vraiment un chef-d'œuvre de technique.

« La perfection de l'art c'est le dosage dans une proportion juste du réel et de l'**imaginé**. » —GONCOURT

(a.) Neptune est un personnage **fictif**.

imagination

Il ne possédait pas une **imagination** de grande envergure.

« L'**imagination**, reine des facultés. »   —BAUDELAIRE

« La nature se sert de l'**imagination** humaine pour continuer sur un plan plus élevé son travail de création. »   —PIRANDELLO

Il a l'**imagination** vive.

L'**imagination** de Beckett est naturellement technicienne.

imaginative

L'activité **imaginative** d'Apollinaire perd en profondeur ce qu'elle gagne en variété et en ampleur.

imagine

« Le temps bien ménagé est plus long que n'**imaginent** ceux qui ne savent que le perdre. » —FONTENELLE   (imaginer)

imitate

Il **imite** parfois les *Métamorphoses*.   (imiter)

« **Imitez** de Marot l'élégant badinage. »   —BOILEAU

imitation

La Pléiade échoua parce qu'elle ne sut pas se dégager de l'**imitation** (f.) servile.

La ressemblance n'est pas assez précise pour que l'on puisse conclure à l'**imitation**.

Son **imitation** n'était point un esclavage.

immediacy

L'important pour l'artiste, c'est l'**immédiateté** (f.).

imperfect   [> past tense]

(n.) L'**imparfait** (m.) donne la mélancolie du passé.

importance

Il souligne l'**importance** (f.) des temps des verbes.

Giraudoux attache un grand **prix** à l'idée.

« Ce que j'ai à vous communiquer est d'une extrême **conséquence.** » —A. FRANCE

important

« Il y aura toujours des écrivains ambitieux, non sans talent, mais furieusement pressés d'être **importants**, d'être loués, d'être aimés. »   —ALAIN

C'est le premier ouvrage de critique littéraire **qui compte** dans notre littérature.

impoverish

Par sa recherche de la délicatesse, la préciosité **appauvrit** considérablement la langue.   (appauvrir)

impression

La dernière page tournée, l'**impression** (f.) reste d'avoir touché aux fonds de la misère humaine.

Il consigna ses **impressions** dans un journal de voyage.

Tout ce qui a passé devant y laisse une ineffaçable **empreinte**.

impressionism

L'**impressionnisme** (m.) est une tendance qu'ont certains écrivains à tout réduire à la sensation et à tout sacrifier au souci de la rendre avec force.

improve

L'école naturaliste, en peinture, s'attache à la représentation exacte de la nature, sans prétendre la **modifier en mieux**.

« Un cancre... peut **être amélioré** au prix d'un effort continu. » —J. ROMAINS   (améliorer)

inability

Le tragique de Don Juan consiste en son **incapacité** foncière d'éprouver tout sentiment vrai.

incisive

Son crayon **incisif** n'épargne personne.

incisiveness

> Voilà des idées d'une **netteté** évidente.
>
> L'action est décrite d'un **ton incisif**, tranchant.

inclined

> On est naturellement **enclin** à penser que...

include　[> comprise]

> Son théâtre **comprend** des adaptations.　(comprendre)
>
> La bibliographie **comporte** plusieurs erreurs.　(comporter)

included

> Ce poème **figure** dans plusieurs anthologies.　(figurer)
>
> Les biographies **ont été insérées** dans le texte.　(insérer)

incoherence

> L'**incohérence** fondamentale de l'existence se traduit par la confuse authen-
> ticité du dialogue, par la succession incomposée des gestes, par le récit
> simultané ou par l'automatisme du monologue intérieur.

incomparable

> Dans son domaine, qui est la poésie des groupes humains, Romains est **hors
> de pair**.

inconsistency

> Voilà bien l'**inconséquence** (f.) de l'auteur.
>
> « Tout peut se soutenir, excepté l'**inconséquence**. »　—Mirabeau

inconsistent

> Sa conduite a été bizarre et **inconséquente**.
>
> Ce sont des idées **qui manquent de suite**.　(manquer...)

increase

> (v.) La proportion des fables purement satiriques **va en augmentant** au cours
> des années.　(aller...)

increasing

> La montée accumule les griefs dans un ordre de gravité **croissante**.

incunabulum

> L'**incunable** (m.) est un livre imprimé entre la date de l'invention de l'im-
> primerie et l'année 1500 inclusivement.

indebted

Voilà les vraies découvertes qu'il a faites et pour lesquelles la littérature lui est **redevable**.

independence

Cet auteur montre beaucoup d'**indépendance** (f.).

« La plus grande chose du monde, c'est d'être à soi. » —MONTAIGNE

independent

« Son âme se maintint toujours libre et **indépendante** de la fortune. » —LA FONTAINE

index

Un **index** commode pour guider les recherches...

L'**index** est une table alphabétique placée à la fin d'un ouvrage.

indicate

Corneille et Racine ne manquent pas d'**indiquer** leurs sources.

indication

Son regard est une **indication** de sa pensée.

Les Grilles donnent un nouveau **signe** de l'influence du cinéma sur le roman.

indifference

Il traite ses critiques avec **indifférence** (f.).

Il a lutté contre la **carence** des éditeurs privés.

indifferent

On ne peut le lire et rester **indifférent**.

individual

(n.) Il nous présente l'agitation de l'**individu** occidental contre les forces qui le nient.

(a.) Enumérons ces qualités **individuelles**.

indulge in

Il **se livre à** des démonstrations d'anatomie.   (se livrer à)

inexperienced

La première réaction de ce jeune adolescent **inexpérimenté** est...

infinitive

Il y a un paragraphe d'une grande page tout en **infinitifs** (m.).

influence

(n.) Ce livre a exercé une évidente **influence** sur Camus.

Ses premiers vers obéissent aux **influences** de l'époque.

La critique ne devrait pas réduire une œuvre à la somme des **influences** qu'un auteur a subies.

Sans qu'on puisse parler d'**influence** directe et immédiate...

« Je n'aime guère le mot **influence**, qui ne désigne qu'une ignorance ou une hypothèse, et qui joue un rôle si grand et si commode dans la critique. » —VALÉRY

Si l'on rejette l'**incidence** (f.) des œuvres passées sur les présentes...

(v.) Aucune œuvre contemporaine ne **fut influencée** par son roman.   (influencer)

Quels sont les écrivains qui l'**ont** le plus **marqué**?   (marquer)

Rousseau **a** puissamment **agi sur** le siècle.   (agir sur)

influential

C'est l'ouvrage d'un écrivain **qui fait autorité**...   (faire...)

inform

L'auteur **a** d'abord **renseigné** le lecteur sur ses intentions littéraires. (renseigner)

information

Il a donné des **renseignements** (m.) sur la vie de l'auteur.

inner

Comment ne pas lire en ces images l'expression transposée de la vie **intérieure** du poète?

innovation

Nous y trouvons des **innovations** surprenantes.

Il vise moins à la **nouveauté** qu'à la vérité.

inordinate

L'importance **démesurée** de l'épisode central...

insert

(v.) L'épisode qu'il **a fait entrer dans** le deuxième chapitre...   (faire...)

Mais il **enclave** la deuxième partie du livre dans la première.   (enclaver)

insight

C'est Camus qui a expliqué cet épisode avec le plus de **perspicacité** (f.).

Ces idées sont riches d'**aperçus** originaux.

insist   [> stress]

Insistons bien **sur** ce point-là.   (insister sur)

inspiration   [> source]

« L'**inspiration** (f.) est l'hypothèse qui réduit l'auteur au rôle d'observateur. » —Valéry

« Qu'est-ce que l'**inspiration**? C'est d'avoir une seule chose à dire, que l'on n'est jamais fatigué de dire. » —Paulhan

« L'artiste d'expérience sait bien que l'**inspiration** est rare, et que c'est à l'intelligence d'achever l'œuvre de l'intuition. » —Rolland

Il a tiré l'**inspiration** de ces contes d'observations faites quand il écrivait pour le théâtre.

Gide avait puisé son **inspiration** dans l'œuvre de...

D'après Malherbe, l'**inspiration** a besoin du métier pour s'exprimer.

inspire

La Muse **inspire** les poètes.   (inspirer)

Cet écrivain **inspire** le respect.

Cette vue lui **a inspiré** quelques très beaux vers.

Cette œuvre **a soulevé** des discussions passionnées.   (soulever)

inspired

Le critique tend à être **inspiré** dans son style par les poètes qu'il examine.

J'aime peu la littérature **inspirée** par l'actualité politique.

Combien de grands créateurs ne sont-ils pas aussi des critiques **inspirés**?

installment

La traduction, publiée par cette revue en quatre **livraisons** (f.)...

On attendait avec impatience une **tranche** nouvelle de ce roman.

instinct

Il comprit, par un sûr **instinct** dramatique, que l'intérêt serait grandement accru par une action animée et graduée.

instinctively

Flaubert lui-même, rendant hommage à Chateaubriand, l'imite **d'instinct**.

institutions

Les *Lettres persanes* sont essentiellement une satire et une critique des **institutions** françaises.

intellectual

(n.) Les **intellectuels** (m.) sont des insatisfaits.

(a.) Dans les années de débâcle **intellectuelle** et morale qui furent celles de la guerre 14–18...

Son génie et son langage sont éminemment **intellectuels**.

intelligence

Sa mise en scène ne manque ni de sérieux ni d'**intelligence** (f.).

La pièce est une merveille d'**intelligence** et de poésie.

« L'**intelligence** est notre faculté de ne pas pousser jusqu'au bout ce que nous pensons afin que nous puissions croire encore à la réalité. » —Camus

intelligent

Sa réponse était peu **intelligente**.

intended

Ces lettres n'étaient point **destinées à** la publicité.

intention   [> aim]

Si cette **intention** a existé, elle était secondaire.

Ce texte sur lequel s'ouvre le livre, en définit assez clairement l'**intention** et la ligne de crête.

interest

(n.) L'**intérêt** (m.) de ce roman réside surtout dans...

L'**intérêt** dramatique se concentre sur le fils.

L'**intérêt** ne tarit pas.

L'**intérêt** pour le théâtre s'est éveillé très tôt en lui.

Ces personnages ne sont pas dépourvus d'**intérêt**.

(v.) C'est justement pourquoi les productions de son esprit génial continuent à nous **intéresser**.

Il **s'intéresse à** la mauvaise conscience.

Ce sont les deux derniers vers qui **intriguent** le lecteur.   (intriguer)

Le texte n'**accrochait** pas l'auditeur.   (accrocher).

interesting

Le roman n'a guère besoin d'une thèse pour être **intéressant**.

interlude

Un **intermède** est un divertissement accessoire qu'on donnait autrefois sur la scène pendant les entractes de la pièce principale.

intermingle

Les thèmes de l'amour et de la mort **se mêlent** à chaque page.   (se mêler)

interpret

Pour pouvoir **interpréter** ce poème...

interpretation

Cette **interprétation** n'est pas soutenable.

C'est une **interprétation** fantaisiste.

Le romancier laisse à son lecteur la possibilité d'une **interprétation** toute psychologique.

interrupt

Il **interrompt** à tout coup le récit des événements pour les commenter en soldat.   (interrompre)

intervene

C'est la première fois qu'il fait **intervenir** la conscience chez un de ses protagonistes.

intimate

(n.) Ces textes, jusqu'alors montrés seulement à quelques **intimes**, sont livrés au public.

(a.) « On s'étonne souvent de la rareté dans notre littérature de ce qu'il est convenu d'appeler les écrits **intimes**. » —GIRAUDOUX

intrigue

(n.) « L'**intrigue** est plus puissante, à la cour, que les liaisons du sang. »
—Mme de Maintenon

introduce

Ce n'est pas par hasard qu'il **a introduit** cet épisode dans le roman.   (introduire)

Valéry **a été introduit** à la poésie par son ami Pierre Louÿs.

La Pléiade n'**a** pas **introduit** l'ornement mythologique dans notre poésie.

Cette charmante comédie **a été créée** le 26 avril à la Comédie Française.
(créer)

introduction

Cette étude est une bonne **introduction** au problème de la critique de la poésie.

L'**introduction** analyse assez bien les phases variées de l'humanisme éternel.

Elle constitue une excellente **étude d'initiation** pour tout lecteur novice.

introspection

Le romancier par excellence de cette nouvelle doctrine sera Proust avec son lent et minutieux travail de **sondage** (m.) **du « moi »**.

Proust cherche à suivre le flux complexe de la vie intérieure.

introspective

Un autre courant, de poésie plus **introspective**...

invective

L'**invective** (f.) est une suite de paroles violentes et injurieuses.

Son discours fut rempli d'**invectives**.

inveigh (against)

« Il se mit à **invectiver** le jeune médecin. »   —Martin Du Gard

invent

« Marot n'**a** rien **inventé**, ni un genre, ni un rythme, ni un mètre. Il tire tout du Moyen Age, sauf son génie. »   —Lemercier

« Retrouver ce que les meilleurs ont voulu dire, cela même c'est **inventer**. »
—Alain

inventiveness

Riche d'une **invention** dramatique, d'un sens de l'effet théâtral...

Pas d'**invention** verbale qui retienne l'attention du lecteur.

inventory

(n.) Nous ne prétendons pas d'ailleurs donner un **inventaire** complet.

(v.) On passerait une vie entière à **inventorier** et à systématiser toutes ces formes.

inversion   [> hyperbaton]

Les poètes usent souvent de l'**inversion** (f.).

L'**inversion** est la figure habituelle du vers classique.

invocation

L'**invocation** est adressée à une muse pour demander l'inspiration.

« Une **invocation** est toujours un morceau d'enthousiasme. » —GRIMM

involve   [> concern]

Il a le don de nous **intéresser** aux actions qu'il décrit.

involved

Mais il est trop **engagé** dans la vie pour la peindre avec le détachement nécessaire.

« Plus l'homme est barbare, plus le **compliqué** lui plaît. » —HUGO

ironic(al)

Son récit, sa technique, son style se placent dans cette tradition bien française du récit **ironique**.

ironize

Quand donc est-il sincère? quand il **ironise** ou quand il est sérieux? (ironiser)

irony

L'**ironie** (f.) consiste à présenter le ridicule d'une manière sérieuse.

Ainsi l'**ironie** enveloppe constamment le récit.

L'**ironie** atteint son comble à la fin du livre quand...

irrelevant

Il n'est pas **indifférent**, pour les comprendre exactement, que ces mots soient de Proust.

isolate

Il ne faut pas **isoler** une phrase de son contexte.

La poésie **s'est** indéniablement **isolée.** (s'isoler)

isolation

L'écrivain projette son **isolement** (m.)

Thématiquement, il existe l'idée des individus qui vivent dans **leur petite sphère à eux.**

issue (of a magazine)

Le corps du **numéro** est constitué par ces dix-neuf articles consacrés à Mallarmé.

j

jacket (book)

La **jaquette** du volume est très significative.

Les couleurs de cette **chemise couvre-livre**...

Jansenism

Le **jansénisme** démontrait l'impuissance de la raison sans la foi.

L'existentialisme de M. Sartre procède, peut-être, d'un **jansénisme** inconscient.

jealous

« L'amour des **jaloux** est fait comme la haine. » —Voltaire

jealousy

Il offre une minutieuse étude de la **jalousie.**

journal

Il les présente selon la source, c'est-à-dire la **revue** dont chaque article est tiré.

« Mon vrai **journal** est dans mes romans. » —J. Green

journalese

Ce **style de journal** qui se manifeste un peu partout dans ses écrits...

journalism

Il reste que les *Salons* de Diderot sont une œuvre considérable. Ils fondent le **journalisme** d'art.

journalist

Dostoïevski fut un redoutable **journaliste**.

Ce prix est allé au premier roman d'une **journaliste**.

joy

Poète de la **joie**, il n'ignore certes pas les difficultés qui entravent le chemin.

Il retrouva le **bonheur** de la création en écrivant un grand roman.

judge

(n.) L'auteur n'est nullement un **juge**.

(v.) Il ne faut pas **juger** d'un auteur d'après son livre.

Dans le roman pur, l'auteur ne **juge** pas ses héros.

Chacun pouvait lire l'ouvrage et en **juger** d'après son bon sens.

judgment

Selon le **jugement** avisé de T. S. Eliot, le théâtre réaliste serait essentiellement antipoétique.

Son **verdict** sur ce dénouement est cruel.

(value) Systématiquement dépourvu de tout jugement de valeur...

justify

L'histoire **justifie** tout ce que l'on veut.   (justifier)

La répétition est ainsi éclairée, sinon **justifiée**.

k

key

Le titre est en réalité la **clef** de l'ouvrage.

key word

La fréquence des **mots-clef** (m.) marque une tendance à...

Ne prononce-t-il pas là un des **maîtres mots** de l'esthétique classique?

key work

Ce roman est un **livre pivot.**

Personne n'a suffisamment examiné ce **livre de base.**

knowledge

La **connaissance** que le poète avait de son thème...

L'utilisation par le romancier de ses **connaissances** médicales...

Cet homme est d'un grand **savoir.**

Ces œuvres témoignent d'une **information** vaste et précise.

« Mais la **science** des mœurs me consolera de l'ignorance des choses extérieures. » —PASCAL

l

label

(n.) Rien ne me paraît plus vain que les **étiquettes** (f.) dont nous usons pour caractériser un roman.

lack   [> devoid]

(n.) Le **manque** d'authenticité est accentué par la technique de l'auteur.

(v.) Gide **manque** souvent **de** naturel, de spontanéité dans ses lettres.   (manquer de)

Sa vision s'enrichit d'une dimension sociale qui **lui faisait** auparavant **défaut**. (... faire...)

lai [> lay]

Le **lai**, du mot anglais de même sens, désigne deux poèmes médiévaux, l'un narratif, l'autre lyrique.

language [> dialogue]

« Je vis de bonne soupe, et non de beau **langage**. » —MOLIÈRE

Le **langage** à l'aide duquel il a choisi de s'exprimer est...

La **langue** est recherchée, impersonelle, abstraite, fantaisiste...

(abstract)   Le langage humain tend à l'abstrait et s'éloigne toujours davantage du concret.

(avant-garde)   Les avant-gardistes veulent effecteur une transformation ridicule de l'emploi du langage.

Il pousse l'audace de cette technique de la désintégration du langage jusqu'à l'extrême.

Le langage devient très vite objet chez Ionesco.

(bourgeois)   Le langage courant du bourgeois, langage anémique et automatique, répétitif, nourri de formules toutes faites...

(brilliant)   Giraudoux chercha le mot de théâtre, la phrase qui fait mouche, le couplet qui exalte une foule, et il les trouva.

(comic)   L'effet comique le plus exploité: le rire est provoqué par le comique du langage.

Ces exemples illustrent jusqu'à quel point la tournure de phrase entraîne vers le comique.

Le comique éclate d'abord par l'entrechoquement des mots.

Le jeu verbal qui est à la base de l'effet comique...

(and creativity)   Le langage limite les forces créatrices.

(distorted)   Puissant et fougueux à l'ordinaire, Verhaeren a malmené la langue pour la plier à son inspiration.

(dramatic)   Ce groupe contient la promesse d'un langage dramatique renouvelé.

(facility)   On admire, chez le jeune poète, la grande facilité verbale.

Il possède une étonnante virtuosité verbale.

Les acrobaties verbales méritent un grand coup de chapeau.

(flowery)	Je ne parle pas de son langage débordant d'images et d'allégories, d'un baroque inépuisable.
(French)	« Le français bien parlé, ne chante presque pas. » —Valéry
(Giraudoux)	Car il parlait Giraudoux, ce qui est un langage.
(grating)	Il fait grincer la phrase exprès.
(heavy)	Ecrit dans une langue difficile, lourde, trop peu dépouillée...
(lyrical)	Par un langage dense, idiomatique où le lyrisme ne perd aucun de ses droits...
(philosophical)	Il passe souvent de l'idiome artistique à l'idiome philosophique.
(poetic)	Une langue poétique et artificielle, plus vraie que la conversation sténographiée...
	Par la vertu de la poésie, le mot, dévalué par l'usage, retrouve son prestige.
(pompous)	Le langage hyperbolique construit un édifice verbal pompeux.
(popular)	« Tirer de l'idiome populaire toutes les possibilités stylistiques. » —Dauzat
(prosaic)	La phrase est brève, le langage prosaïque.
(and reality)	Il y a une unité profonde entre le langage et la réalité essentielle qu'est le monde des idées.
(resources)	Les ressources d'une langue sont les moyens qu'elle offre pour l'expression de la pensée.
	L'exploitation des ressources de la langue...
	Cet écrivain a su mettre à profit toutes les ressources de la langue.
(revolutionary)	Il a provoqué le bourgeois avec un langage jamais entendu auparavant sur la scène.
(style)	« Le parler que j'aime, c'est un parler simple et naïf, et tel sur le papier qu'à la bouche, un parler succulent et nerveux, court et serré. » —Montaigne
	Le style est déstylisé, la phrase, la syntaxe sont torturées, le dialogue s'achève dans l'incohérence.
	Au premier abord, rien d'exceptionnel ne se révèle dans la forme et le langage de cette poésie.
	Certains détours de phrases dont l'oreille garde l'écho...
(surrealist)	Le langage surréaliste doit faire preuve d'une logique originale.

(theatrical)	Les Grecs avaient trouvé le secret d'un langage de la scène à la fois artificiel et vrai, poétique et quotidien.
	Les phrases qui semblent à la lecture longues et embrouillées doivent être entendues à la scène.
(and thought)	« La pensée vole et les mots vont à pied. Voilà tout le drame de l'écrivain. » —J. Green
	Le langage est impuissant à suivre l'extrême agilité de la pensée.
	Son œuvre s'impose moins par la pensée que par la langue.
(variety)	Archaïsmes, argot, dialectes, patois, tout lui est bon.
	La Fontaine écrivain parle une langue très riche et très savoureuse, pleine d'archaïsmes et de mots de terroir.
(verb)	L'utilisation de verbes donne un aspect imaginatif au mouvement.
(vocabulary)	« La première vertu d'un écrivain est la propriété du vocabulaire. » —Feydeau
	Son vocabulaire, au lieu d'être défini avec précision, est généralement entouré d'une auréole suggestive.
	Un vocabulaire fraîchement récolté et d'une richesse clinquante...
(vulgar)	Ses personnages profèrent à l'occasion des exclamations ordurières.
	Il s'en dégage une certaine poésie sauvage du langage, qui n'exclut pas la grossièreté.
	Il y emploie les mots crus avec une sévérité distinguée.

large scale

La publication des œuvres complètes de Simenon est une tâche **de grande envergure**.

laugh

« Mon goût sera, Bertaut, de n'en faire que **rire**. » —Régnier

laughter

Le **rire** continu dessèche au lieu de détendre.

« Le **rire** est incompatible avec l'émotion. » —Bergson

lay   [> lai]

Le **lai** narratif est une courte composition en vers dont le sujet est d'ordinaire emprunté au cycle de la Table ronde.

lead

(v.) Ceci nous **amène** à poser une question générale.   (amener)

Sa vocation véritable l'**entraînait** vers le théâtre ou le roman.   (entraîner)

« Souvent la peur d'un mal nous **conduit** dans un pire. »   —BOILEAU (conduire)

leader

Victor Hugo est le **chef** du romantisme.

Il doit être placé au premier rang des inventeurs de la nouvelle poésie.

leading

Pour les nouvelles générations, c'est le **premier** romancier de France.

leading lady

La **jeune première** et le jeune premier jouent les rôles de jeunes amoureux.

learned

Il a tiré cet ouvrage d'un traité latin, pesamment **érudit**.

legend

La **légende** est un récit à caractère merveilleux, où les faits historiques sont déformés par l'imagination populaire ou l'invention poétique.

lends itself to

Cette fiction compliquée **se prête à** une multiplicité étonnante de points de vue.   (se prêter à)

Un recueil de narrations détachées ne **se prête** point **à** l'analyse.

length

Il ne s'agit pas de la **longueur** du poème.

(line of poetry) Les deux premiers vers ont une **mesure** de huit syllabes.

(at) length

Il les décrit **longuement**.

lengthy   [> long]

« Je travaille depuis très longtemps à un ouvrage **de** très **longue haleine,** mais sans rien achever. »   —PROUST

letters

« L'homme de **lettres** (f.) élève autour de lui un monde idéal, auquel il donne la réalité et la vie. » —Berryer

letter writer

Valéry est l'un des grands **épistoliers** de ce siècle en français.

"lettrisme"

Le **lettrisme**, pour beaucoup, se réduit à des textes incompréhensibles ou farfelus, vociférés par une bande de poètes barbus conduits par Isidore Isou.

level

(n.) L'auteur ne dépasse jamais le **niveau** de l'anecdote.

L'action est toujours engagée sur deux **plans** (m.).

lexicon

Les deux tiers du **lexique** anglais sont d'origine romane.

libretto

Dans le **livret** se trouve le texte des paroles d'une œuvre musicale.

light

(n.) Signalons ces lettres qui jettent quelque **lumière** (f.) sur Gide l'homme.

Voltaire les rassembla, les systématisa, les présenta sous le **jour** le plus favorable.

(a.) Le roman ne maintient pas ce ton **léger** qui devrait se retrouver à chaque page.

likewise

Il excelle **pareillement** dans les portraits.

C'était **également** un excellent technicien du vers alexandrin.

limit

(n.) Cela dépasse les **limites** (f.) de la critique littéraire.

Cette explication n'aurait pas de **bornes** (f.).

Les **cadres** (m.) de cet article ne permettent pas l'exposition détaillée.

(v.) « Qui ne sait **se borner** ne sut jamais écrire. » —Boileau

Nous nous bornerons à signaler quelques variations sur ce thème.

Pour **limiter** l'analyse aux thèmes qui nous importent...

Sa langue est **limitée** dans ses moyens d'expression.

L'étude de l'œuvre en prose **se limite à** un fragment de...

Une vraie biographie doit-elle **s'en tenir** seulement **à** l'extérieur des faits?

La matière littéraire **se restreignt à** l'étude de l'homme social et principalement de l'amour.   (se restreindre à)

limited edition

Le livre ne fut **tiré** qu'**à peu d'exemplaires**, pour quelques amis.

line

(of poetry) En français le **vers** est un assemblage de mots rythmé d'après le nombre de syllabes.

Les **vers** littéraires courants, qui ont leur destin individuel et leur gloire propre, se réduisent à quatre: les **vers** de douze syllabes, de dix syllabes, de huit syllabes et de sept syllabes.

D'après Claudel, le **vers** n'est pas un groupe de mots ayant un nombre de pieds déterminé, mais un groupe de mots formant un tout et séparé du groupe suivant par un blanc dans la pensée comme sur le papier.

(of prose) Il faut citer quelques **lignes** (f.) de Voltaire.

linguistic

Balzac montre une fois de plus avec quel sens de l'observation **linguistique** il sait faire parler ses personnages selon leur milieu.

link   [> relate]

(n.) Ce vers ne présente aucun **lien** formel avec ce qui suit.

La bouffonnerie de Molière garde toujours quelque **attache** (f.) avec la réalité.

(v.) Il **accroche** toute phrase à quelque mot de la phrase précédente. (accrocher)

literal

Le sens **propre** est le sens premier ou réel d'un mot, par opposition à un sens figuré.

A prendre les mots dans leur sens **littéral**...

literary

Il a délibérément exclu de son étude la considération esthétique et **littéraire**.

« Il n'est pas un sentiment en Racine qui ne soit un sentiment **littéraire**. »
—Giraudoux

« L'idée d'une œuvre **littéraire** me ferait hausser les épaules. » —Genet

literate

Cette femme **lettrée** détestait tout débat littéraire.

literature

« La **littérature** est l'expression de la société, comme la parole est l'expression
de l'homme. » —de Bonald

« La **littérature**, c'est la pensée accédant à la beauté dans la lumière. »
—Du Bos

« La **littérature** et le savoir de notre siècle tendent beaucoup plus à détruire
qu'à édifier. » —Rousseau

« Toute **littérature** dérive du péché. » —Baudelaire

L'idée qui fit de Sartre un homme illustre fut d'unir **littérature** et philosophie.

« Je n'aime pas la **littérature**, mais les actes et les exercices de l'esprit. »
—Valéry

litotes [> understatement]

« La **litote** est le contraire de l'hyperbole; elle dit moins pour faire entendre
plus. » —Didier

liveliness

Son style est d'une **vivacité** extraordinaire.

lively

Le caractère **vif** et concret de sa satire n'est qu'un des aspects de son réalisme.

Un style **mouvementé** a beaucoup d'animation.

La pièce est **chargée d'action.**

Il avait une conversation **pleine de verve et de feu.**

living

« Il y a des morts qui sont plus vivants que les **vivants.** » —Rolland

(make a) living

Je ne pourrais **subvenir à mon existence** en écrivant.

Il lui fallait travailler pour **gagner sa vie.**

local color

D'où l'importance de la **couleur locale**...

Laissons de côté l'expression « **couleur locale** », qui évoque trop le décor, les costumes, l'extérieur ou l'extériorisation du drame.

« Ce n'est point à la surface du drame que doit être la **couleur locale**, mais au fond, dans le cœur même de l'œuvre. » —Hugo

logic

Il a la **logique** serrée, impérieuse—et en même temps toute échauffée de passion.

Cette absurdité, comme la plupart des situations ayméennes, contient pourtant une certaine **logique**.

logical

Ce premier roman étonne, après l'accent et la violence **logique** de ses essais.

long   [> lengthy]

« Les **longs** ouvrages me font peur. » —La Fontaine

lose sight of

Il **perd de vue** tout de suite le côté proprement humain de l'événement. (perdre...)

love

(n.) Ce roman, dont le sujet est l'**amour** hétérosexuel,...

La fuite de l'**amour** est donc le thème central du livre.

Sa théorie de l'**amour**, fondée sur l'estime, est toute cartésienne: l'**amour** est la connaissance du bien.

« A un certain moment on ne peut plus éprouver l'émotion de l'**amour**. » —Camus

« L'**amour** faux inspire avec bonheur les écrivains et les artistes. » —Poulet

(v.) « Je ne sais plus rien et j'**aime** uniquement. » —Apollinaire (aimer)

ludicrous

Molière en fait un personnage **risible**.

lyric poet

Pindare est le plus grand des **lyriques** grecs.

lyric(al)

Rutebeuf est notre premier grand poète **lyrique**.

Cette floraison **lyrique** ne cesse d'épanouir dans la richesse du mouvement poétique contemporain.

Le poème **lyrique** est chanté avec accompagnement de lyre ou de flûte, et souvent de danse.

Aucun frémissement **lyrique** ne court à travers cette poésie.

lyricism

Dans Corneille, il y a un **lyrisme** ambiant de la jeunesse et de l'action.

Ce **lyrisme** affleure partout, sous des formes diverses; il alimente véritablement l'inspiration du poète.

Le **lyrisme** en déborde, mais un lyrisme nourri de fortes idées et d'observations exactes.

« Le **lyrisme** est la voix du moi, portée au ton le plus pur, sinon le plus haut. » —VALÉRY

« Le **lyrisme** est le développement d'une exclamation. » —VALÉRY

m

main   [> principal]

Les **principaux** personnages de ce drame...

maintain

Il y **soutenait** que tout grand art est une transmutation.   (soutenir)

Qui **soutiendra** que Buffon n'était pas intelligent?

major

(a.) Nous trouvons quelques œuvres **majeures** où ce thème est repris dans un autre contexte.

make the most of

Il a peu de choses à dire, mais il sait **tirer parti de** ce peu.

man of letters   [> writer]

Lancé dans sa carrière d'**homme de lettres**...

manage　[> succeed]

Il **y arriva** par le travail.　(arriver à)

manifesto

Ces **manifestes** (m.) sur les problèmes du roman...

manner　[> way]

Cette comparaison représente d'une **manière** fort évocatrice...

mannerism

Tout écrivain a ses **particularités** (f.).

Le **maniérisme** est un art fortement teinté d'intellectualisme.

manners

Dans un roman ou une comédie de **mœurs** (f.) on s'attache à peindre les mœurs d'une époque.

La décence du langage était le moyen le plus sûr d'assurer la décence des **mœurs.**

manual

(n.) L'étudiant du théâtre contemporain profitera utilement de ce petit **manuel.**

manuscript

Pasternak a fait parvenir son **manuscrit** à un éditeur étranger.

"marivaudage"

Le **marivaudage**, c'est d'abord une atmosphère de plaisir, de bonheur. Pour marivauder, il faut avoir de l'esprit, être brillant, savoir plaisanter. Marivauder, c'est surtout mêler le jeu et le sérieux de façon qu'on ne puisse plus les distinguer.

masque

Le **masque**: divertissement écrit pour les cérémonies de la cour et dans lequel le ballet jouait un rôle essentiel.

master

(n.) On assiste dans ces deux scènes au développement d'une situation exploitée de main de **maître.**

(v.) « La verve se laisse rarement **maîtriser** par le goût. »

masterpiece

D'après Renan, un **chef-d'œuvre** est l'œuvre qui exprime son temps.

Voilà le **couronnement de son œuvre**.

mastery

Le dénouement a été formulé avec une **maîtrise** évidente.

On a affaire à un pur « morceau de bravoure » où Corneille va faire preuve de sa **maëstria**.

matter

(n.) [>subject]

Cette question peut fournir la **matière** d'un article.

(v.) Ce qui **importe** pour lui, c'est l'exposé concis des faits essentiels.   (importer)

maturity

La **maturité**, c'est aussi la pleine possession de ses moyens.

maxim

Une **maxime** est l'expression concise d'une vérité générale d'ordre moral.

« Une **maxime** est une règle abstraite et générale de conduite dont on nous laisse l'application à faire. » —DIDEROT

Chez tous se retrouvent la concentration du trait, la clarté de la syntaxe, l'aigu de l'antithèse, la malice sans colère et l'aisance du bon ton.

mean

(v.) « Les symboles ne signifient que ce qu'on leur ordonne de **signifier**. » —RENAN

« En France on se passionne pour un mot, sans se mettre trop en peine de ce qu'il **signifie.** » —MÉRIMÉE

Que **veut dire** cette expression nuancée?   (vouloir...)

meaning

Cette irréversibilité de la vie est un des **sens** de la pièce.

Le **sens** des quatre vers paraît alors être le suivant: ...

Quel est le **sens** profond des drames claudéliens? C'est le salut par le sacrifice.

C'est un retour au **sens** premier du verbe.

« Le roman moderne est une recherche... qui crée elle-même ses propres **significations** (f.), au fur et à mesure. »

« Les plus beaux mots du monde ne sont que de vains sons si on ne les comprend pas. » —A. FRANCE

« Dans ma bouche, tout a un **sens**. » —A. France

« Il n'y a pas de vrai **sens** d'un texte. » —Valéry

meaninglessness

Comment sauver la vie de ce **manque de signification** ?

means

Corneille a utilisé l'histoire comme un **moyen**, non comme une fin.

means of expression

C'est ce **moyen d'expression** qui répond à sa volonté.

Le réalisme était nécessairement le **mode d'expression** de sa pensée.

medieval

C'est un conte **médiéval** dont l'auteur reste inconnu.

Le drame **moyenâgiste** a été beaucoup analysé.

« C'est la grande salle **moyenâgeuse** d'un palais de justice... » —R. Martin Du Gard

mediocre

Les dialogues surtout sont **médiocres**.

Si la qualité a semblé **moyenne** au critique, la quantité de romans publiés reste grandissante.

meditate   [> ponder]

« Il vaut mieux ne point **méditer** que de méditer sur des chimères. » —Bourdaloue

meditation

Comme Descartes, Valéry passa vingt ans dans une **méditation** solitaire.

melancholy

(n.) On y retrouve toute la **mélancolie** froide qui s'attache au passage du temps.

melodrama

Le **mélodrame** est une pièce de théâtre moderne où l'action violente et mouvementée, se soutient par l'emploi constant des effets pathétiques.

melodramatic

Elle dit tout d'un ton **mélodramatique**.

memoir

Avec ses *Confessions*, Rousseau inaugura une forme de **mémoires** (m.) autobiographiques que le romantisme mit en vogue.

memoir writer

Le **mémorialiste** est un auteur de mémoires historiques.

memorable

C'est une étude tout aussi **mémorable** que la précédente.

memory

Toujours, la **mémoire** affective précède la mémoire intellectuelle.

Proust disait que la **mémoire** est « sédentaire ».

L'imagination du romancier était imprégnée des **souvenirs** (m.) de son enfance.

mentality

Au cours de ce rapide examen des facteurs qui semblent avoir déterminé l'**état d'esprit** (m.) baroque...

Il étudie la **mentalité** de la jeunesse actuelle.

message

Voilà l'essentiel du **message** de ce roman.

metaphor   [> figure of speech]

La **métaphore** prolongée est très fréquente dans l'art précieux.

Cette **métaphore** réapparaît à treize reprises dans l'œuvre littéraire de Sartre.

Pour le baroque, la **métaphore** n'est pas une figure de style comme les autres, c'est, plus encore que l'antithèse, la figure par excellence.

metaphorical

Nous avons déjà parlé des substitutions **métaphoriques**.

metaphysical

Giraudoux est un écrivain sans message **métaphysique**.

La plupart des problèmes dits **métaphysiques** sont en réalité des problèmes de langage et fort naïfs.

meter

La **mesure** désigne la quantité de syllabes exigée par le rythme.

Ce vers n'a pas la **mesure**.

method

Utilisant une **méthode** qui n'est pas sans rapport avec celle de...

Pascal créa la **méthode** expérimentale, qui s'oppose nettement à la méthode cartésienne, trop confiante en la seule raison.

methodical

Le texte lui-même est suivi d'un questionnaire **méthodique**.

metonymy

On remplace le mot familier par une **métonymie**, par exemple, par le nom de la matière; ainsi le verre devient « un cristal ».

metrics

La **métrique** est l'ensemble des règles relatives à la mesure des vers.

Middle Ages

Le **Moyen Age** est une période historique comprise entre le début du ve siècle et le milieu du xve.

mime

(n.) Le **mime** exprime par le geste, sans parler.

(v.) On ferait mieux de **mimer** cette scène.

mind

(n.) Il est bien vrai que les choses sont mieux dans l'**esprit** (m.) qu'en elles-mêmes.

« A la longue le sabre est toujours battu par l'**esprit**. » —Napoléon

mingled

Les vers sont parfois **entremêlés de** prose.

minimize

Et comment **minimiser** l'importance de ces deux vers?

miracle play

Un **miracle**: genre dramatique au Moyen Age, représentation d'un épisode de la vie d'un saint, ou d'une aventure, dénouée par l'intervention d'un saint.

mirror

(n.) Une **glace** figure parmi les éléments symboliques.

« L'écho est le **miroir** du son. » —JOUBERT

L'univers balzacien est une **réplique** de la société du temps.

misfortune

La littérature a été l'oracle du **malheur**.

mislead

L'impersonnalité de sa poésie ne doit pas nous **faire illusion**: il avait d'ardentes affections.

Mais il ne faut pas se laisser **abuser** par cet ordre apparent.

misprint

(n.) Quelques **fautes d'impression** peuvent être relevées.

misrepresent

Je ne crois pas avoir **faussé**, en l'exposant ainsi, la pensée de Claudel. (fausser)

mistake   [> error]

(n.) Il fit cependant une **erreur** capitale.

misunderstanding

Le **quiproquo** y touche à la perfection.

Cette interprétation repose sur un **malentendu**.

misunderstood

C'est le plus clair des drames claudéliens, et pourtant l'un des plus **mal compris**.

mix

Il **mêle** la fantaisie et le bon sens, l'absurde et le réel.   (mêler)

model

(n.) Les **modèles** (m.) dont il a pu s'inspirer...

Les bons auteurs sont des **modèles** à suivre.

Les tragédies de Racine nous semblent les **types achevés** de la tragédie classique.

modern

« Nous qui sommes **modernes**, serons anciens dans quelques siècles. » —LA BRUYÈRE

modest

Les arts y occupent parfois une place **modeste**.

Le regard de cette femme **pudique** l'a beaucoup impressionné.

modesty

« L'honneur est la **pudeur** virile. »   —VIGNY

monody   [> dirge]

La **monodie** est un chant funèbre à une voix.

monologue   [> soliloquy]

Le livre est son **monologue**.

Les **monologues** de d'Alembert rêvant sont une brillante illustration de l'effet produit par la combinaison de la philosophie et de l'éloquence.

Le dialogue plus direct du théâtre réaliste élimina en partie le **monologue**.

(interior) Les monologues intérieurs sont coupés par les dialogues; ces dialogues prennent le dessus.

Afin de pénétrer la surface psychologique, Sarraute emploie le monologue intérieur, la « sous-conversation ».

L'héroïne monologue intérieurement dans le même style.

monotony

Une longue **monotonie** de rythme et de forme ne l'effraie pas.

mood   [> atmosphere]

En quelques phrases l'**atmosphère** est créée.

moral

(n.) « Une **morale** nue apporte de l'ennui:
Le conte fait passer le précepte avec lui. »   —LA FONTAINE

La pièce se déroule en dehors des règles de la **morale** ordinaire.

La **moralité** de cette histoire est que nous avons été trompés.

Les récits de Camus sont des **moralités**.

(a.) Les contes **moraux** sont destinés à faire ressortir une idée morale.

Il était de tradition que la fable fût accompagnée d'une formule **morale**, destinée à en dégager le sens.

moralist

Le **moraliste** est plutôt celui qui constate.

Le premier des **moralistes** modernes est Montaigne, dont les *Essais* inaugurent un siècle d'analyse morale.

morality play

La **moralité** est une œuvre dramatique du Moyen Age qui a pour objet l'édification et dont les personnages sont des allégories.

moreover

On attend **d'ailleurs** la critique de cette œuvre.

motif

Dans la vie et l'œuvre d'un artiste il y a toujours un **motif** qui en est le secret.

Le tout est entrecoupé par des **leitmotive** tels que...

motivation

« Le **motif** seul fait le mérite des actions des hommes. » —LA BRUYÈRE

L'action a été faite sans raison, sans **motif**.

motive

L'auteur comique devra montrer les **ficelles qui font agir** le personnage, donc isoler le trait de caractère qui échappe à son contrôle.

Le **mobile** de ce crime...

move (affect)

« Qui **émeut** les hommes allume les passions. » —DE MAISTRE (émouvoir)

moved

Elle restait silencieuse, **émue**.

movement

Le **mouvement** est ample et assuré.

Il y a dans l'œuvre de Beckett un **mouvement** inéluctable qui entraîne tous ses personnages vers l'inconscience absolue.

Le **mouvement** du poème correspond au mouvement de la vie.

moving

Ils ont monté un spectacle extrêmement **émouvant**.

Ils comptent parmi les passages les plus **pathétiques** de ce roman.

multiple

On pourrait trouver des raisons **multiples** pour expliquer ceci.

music

On sait quelle importance les poètes de la Pléiade attachaient à la **musique** du vers.

« De la **musique** avant toute chose. » —Verlaine

musical

L'art de Romain Gary est **musical** plus que sculptural.

Il est naturellement **musical** sans jamais verser dans la monotonie.

Il est peu de poèmes dont le pouvoir de suggestion **musicale** soit aussi manifeste.

mute

(a.) Tous les mots français sont accentués sur la dernière syllabe non **muette**.

mysterious

Il introduit alors un personnage **mystérieux**.

mystery

Personne ne saurait trouver la clef du **mystère**.

Qui connaît les **mystères** de la poésie?

Le grand art de Hugo est là, dans cette union de la réalité et du **mystère**.

Tandis que Mallarmé tendait à remplir de **mystère** les mots et les objets...

mystery play

Le **mystère** est une pièce de théâtre, du XVᵉ siècle, de sujet religieux.

mystic(al)

Ce livre d'images est en réalité un ouvrage **mystique**.

Qui sont donc ces écrivains **mystiques**?

« Cette adoration sombre et **mystique** de la nature. » —Sainte-Beuve

mysticism

Ces lignes nous amènent directement au cœur d'un problème capital en poésie, celui du **mysticisme**.

myth

Le **mythe** est un récit des temps fabuleux et héroïques.

Contre les poids de l'histoire et du réel, Claudel choisit la liberté du **mythe**.

La puissance des **mythes** vient de la répétition qui les fonde.

mythical

C'est un poème **mythique**, un hymne à la création.

mythology

La **mythologie** est donc l'histoire des faits exemplaires de quelques hommes et femmes célèbres.

n

name

(n.) Il s'est fait un **nom** dans la littérature.

(v.) Je ne veux **nommer** ici aucun romancier vivant.

narration   [> story]

Il fut maître du bref **récit**.

C'est un **récit** personnel.

Récits car ils mettent en scène un seul protagoniste... récits encore car, au sens premier de ce terme, l'histoire procède d'une récitation intérieure.

C'est un **récit** semi-autobiographique.

Sa technique et son style se placent dans cette tradition du **récit** ironique.

Ce **récit** philosophique nous paraît tout moderne.

narrative

(n.) La **narration** est célèbre à cause des aperçus historiques.

L'art des trouvères tend davantage au **narratif** qu'au descriptif et à l'ornemental.

(a.) Rien de descriptif ou de **narratif** ici.

narrator

« Joinville, comme Homère et comme les **narrateurs** primitifs, dit tout. » —SAINTE-BEUVE

Raconté par un **narrateur**-témoin...

Sylvie, la **narratrice**, est une jeune femme d'une trentaine d'années.

naturalism

L'essor du **naturalisme** est le grand fait littéraire qui domine la seconde moitié du xixe siècle.

Taine a été le grand théoricien du **naturalisme**.

naturalist

(a.) C'est entre 1860 et 1880 que se constitue l'école **naturaliste**, sous l'influence à la fois du réalisme de Flaubert et du positivisme de Taine.

Le récit de Malamud porte à sa perfection l'efficacité du roman **naturaliste**.

« Faire mouvoir des personnages réels dans un milieu réel, donner au lecteur un lambeau de la vie humaine, tout le roman **naturaliste** est là. » —Zola

naturalness

Voltaire, sans toucher à la forme classique, a beaucoup fait pour le **naturel** de la mise en scène.

Portez au théâtre votre ton familier, votre expression simple, votre maintien domestique, votre geste naturel, et vous verrez combien vous serez pauvre et faible.

nature [> character]

Sa **nature** était moins froide que sa poésie.

Les grands poètes connaissent la **nature** par intuition.

Rolland voit très clairement que l'art débouche sur la **nature**.

« La première affaire d'un artiste est de se substituer à la **nature** et de protester contre elle. » —Baudelaire

negation

Apollinaire utilise le procédé mallarméen de la **négation**.

negative

(n.) « Non » et « ni » sont des **négatives** (f.).

(a.) « La félicité de l'homme ici-bas n'est qu'un état **négatif**. » —Rousseau

neglected

Longtemps méconnu et **négligé** par les critiques...

neoclassic(al)

L'école **néo-classique**, fondée par Jean Moréas, a réagi à son tour contre le dédain des symbolistes à l'égard de la rime.

neoclassicism

Le **néo-classicisme** est une tendance littéraire moderne, s'inspirant de l'Antiquité classique.

neologism

La langue poétique de Ronsard était féconde en **néologismes** (m.).

new

Une **nouvelle** publication vient de paraître pour la première fois.

Un livre **nouveau** traite d'un sujet non encore exposé.

New Criticism   [> criticism (new)]

En anglais, « **New Criticism** » représente un mouvement littéraire inauguré dans les années vingt, et caractérisé par les méthodes critiques de Cleanth Brooks, Robert Penn Warren, I. A. Richards, etc.

news item

Cet épisode est le développement littéraire d'un **fait divers** que l'auteur avait remarqué dans un journal.

next-to-last

C'est son **avant-dernier** roman.

nobility

« Apprenez que la vertu est le premier titre de **noblesse** (f.). »   —MOLIÈRE

noble

La poésie en est **noble** et virile.

nostalgia

Les personnages de Green ont la **nostalgie** de leur avenir.

La **nostalgie** de l'innocence embaume chaque page.

note

(n.) Tous les noms d'auteurs étrangers ont donné lieu à des **notes** succinctes.

Ces **notes**, raturées, surchargées, hâtivement jetées dans la fièvre de la méditation sur des bouts de papier sont, à première vue, indéchiffrables.

(v.) **Notez** bien le vers suivant: ...   (noter)

notebook

Depuis l'âge de vingt-deux ans, Camus prenait des notes journalières qui formaient à sa mort sept **cahiers** (m.).

novel

« Un **roman** : c'est un miroir que l'on promène le long d'un chemin. »
—STENDHAL

Le véritable **roman** est, comme le théâtre, un art du dialogue, des dualités et des conflits.

« Qu'est-ce qu'un **roman** ? Très simplement un récit d'événements fictifs. »
—MAUROIS

« Le **roman** fabrique du destin sur mesure. »   —CAMUS

Ce **roman** est travaillé, objectif, léger…

C'est un long **roman** touffu, vigoureux, débordant de richesses.

Le genre romanesque se définit par le style descriptif et narratif.

(adventure)	Les romans de la Table ronde comptent parmi les plus anciens romans d'aventure.
(anti-novel)	… le contraire de livres agréables à lire, ce que Sartre a appelé l'antiroman, fort légitimement puisqu'en sont exclus aventure, personnages, psychologie, pensée.
(artless)	Ses créations romanesques manquent de relief, ses descriptions sont froides et ternes ; le verbe est souvent inexpressif, l'épithète incolore.
(classical)	Unissant à la pénétration psychologique une forme délicate et sobre, *La Princesse de Clèves* est le chef-d'œuvre du roman classique.
(cloak and dagger)	L'enfant Jean-Paul se mit à composer des romans de cape et d'épée.
(construction)	Un grand écrivain me disait jadis qu'il faut bâtir un roman comme une symphonie, avec un thème qui revient, s'amplifie ou s'assourdit, trouve ses échos, pour se résoudre harmonieusement en finale avec une force concentrée.
(contrived)	Ses romans sont pleins d'artifices de composition.
(cycle)	Ce nouveau cycle de romans est consacré à la recherche d'une philosophie et d'une morale.
(development)	Le roman tolère plus que les autres genres les lentes genèses, les évolutions sourdes, les éclats longuement préparés.
(didactic)	Rousseau a présenté ses idées pédagogiques dans un roman didactique.

(documentary)	Quant à ses romans, on peut les ranger dans un genre nouveau appelé le roman documentaire, roman qui se veut essentiellement et uniquement réaliste.
(feminine)	Le roman féminin est plus florissant que jamais.
(fiction)	Le roman est la fiction par excellence, puisqu'il nous présente comme étant arrivé un récit inventé de toutes pièces.
(fiction essay)	Ses romans sont des essais en forme de fiction.
(first)	Le premier roman échappe rarement à l'autobiographie.
	Le thème évolue en roman d'apprentissage.
	C'est le classique roman d'adolescent, portrait de l'auteur jeune qui entre dans la vie avec l'espoir de la dominer.
(first-person)	Dans le roman-témoignage, la réalité sociale et humaine n'est plus vue dans un tableau objectif, mais à travers l'expérience, la verve et l'humeur d'un héros-narrateur qui sert de témoin.
(French)	« Le roman anglais est écrit pour être lu; le roman français est écrit pour être écrit. » —GIRAUDOUX
(Gothic)	L'imagination romantique a donné naissance au roman noir, dont l'action est jalonnée de crimes terrifiants, et dont les personnages sont dominés par le vice et la démence.
(harmful)	Le roman, œuvre d'imagination, est inutile pour la formation intellectuelle et pernicieux pour la formation morale, prétendent de nombreux éducateurs.
(historical)	Scott est le créateur du roman historique dans la littérature anglaise.
(international)	*Corinne* est en même temps le premier roman international qui ait paru en France.
(introspective)	Dans ces romans un personnage central, très doué, observateur avisé et critique, s'étudie lui et les autres et élucide tout fort bien.
(of manners)	Avec Honoré de Balzac, nature robuste et vulgaire, le roman de mœurs évolue du romantisme vers le réalisme.
(modern)	Dans ce livre, tout se trouve déjà de ce que nous appelons le roman moderne: l'hallucination déambu-

latoire, l'ambiguïté d'être, les liens « effrayants » du père et du fils, le refus révolutionnaire d'une société rejetée et condamnée, le temps cassé enfin, et cette « exploration des cavernes de la folie, de la terreur, du sadisme et du démonisme. »

(musical)

Rolland rêvait d'un roman musical, fait d'un contrepoint de sentiments plutôt que de faits.

(New)

Pour M. Butor, le « Nouveau Roman » c'est, bien entendu, le roman de la nouveauté, le roman de la découverte.

Le « Nouveau Roman » lui-même peut bien se présenter comme une révision critique des rapports qui unissent l'objet et le sujet.

« Le Nouveau Roman n'est pas une théorie, c'est une recherche. » —ROBBE-GRILLET

« Le Nouveau Roman ne fait que poursuivre une évolution constante du genre romanesque. » —ROBBE-GRILLET

Le roman n'est plus autre chose qu'une expérience de laboratoire.

Le « Nouveau Roman » s'est épuisé dans le subjectivisme.

(of old age)

Le roman de la jeunesse a été écrit maintes fois; le roman de la vieillesse est encore à écrire, s'il est possible.

(origin)

De même que la matière épique devait engendrer l'histoire, la matière de Bretagne devait engendrer le roman.

(perfectly executed)

Il a fait trois romans-diamants, parmi les mieux taillés de notre temps.

(philosophical)

Il faut remarquer que la *Nouvelle Héloïse* déborde le cadre étroit du roman philosophique.

C'est sous l'action de la lecture de Poe que Valéry écrivit son chef-d'œuvre de prose, et le seul roman philosophique digne de ce nom, la *Soirée avec Monsieur Teste*.

(propaganda)

Le roman à thèse a pour objet de démontrer la vérité d'une théorie.

Duhamel pense que les plus beaux romans sont ceux qui ne prouvent rien.

(psychological)   Dans le roman psychologique, la plus grande place est donnée à l'analyse des sentiments.

Quant au roman psychologique, il naît avec *La Lettre écarlate* qui est au roman américain ce que *La Princesse de Clèves* est au roman français.

Dans la tradition du roman d'analyse, il faut faire une place exceptionnelle à Stendhal.

(realistic)   Le roman réaliste fut créé par Lesage.

« Le monde s'est mis un jour à ressembler à mes livres. »
—MALRAUX

(religious)   Gide a donné, avec la *Porte étroite*, le premier chef-d'œuvre du roman de la conscience religieuse.

(romantic)   Trois éléments se sont introduits peu à peu dans le roman classique et en ruinent le caractère impersonnel : ce sont les thèses philosophiques, les autobiographies sentimentales, les impressions pittoresques.

(saga)   « Parmi les romans-fleuves, bien peu sont navigables. »
—J. MISTLER

(scope)   Ce fut un roman de grande envergure.

Le roman permet au génie d'étendre ses ailes.

(situational)   Ce roman à situations...

(social consciousness)   C'est par le roman qu'un Sartre, un Camus prétendent exprimer la conscience de leur époque.

(structure)   C'est Flaubert qui, le premier, a conçu le roman comme une œuvre d'art aussi exigeante dans sa structure et dans sa forme que le poème.

La structure interne du roman devient à l'analyse d'une lumineuse simplicité.

Le roman est construit selon certains procédés maintenant familiers du Nouveau Roman.

(technique)   La technique du roman est chez Gide plus importante que le roman lui-même.

(and time)   Le roman a le temps comme principal atout : son optique est celle des détails lentement accumulés, des milieux minutieusement et progressivement dépeints, et nous connaissons en général fort précisément et fort subtilement la formation de ses personnages.

(traditional)   Le roman traditionnel utilise la description et le récit dans un esprit illusioniste.

Sarraute rejette en bonne mesure la tradition romanesque du XIXᵉ siècle.

(tragic)   La *Princesse de Clèves* est une transposition du tragique cornélien dans le roman.

(twentieth century)   D'autres romanciers, épris de modernité, tentent de créer un style accordé à l'ère de la machine, de la vitesse.

(vertical)   Le roman vertical plonge toujours plus profondément dans une âme, alors que le roman horizontal explore les cercles concentriques engendrés par une action.

(within a novel)   Il insère en effet un second roman à l'intérieur du premier.

Elle a tenté d'introduire la technique du roman comme élément de roman.

novelist

« Le **romancier** est fait d'un observateur et d'un expérimenteur. »   —ZOLA

« Je tiens que le **romancier** est l'historien du présent. »   —DUHAMEL

Peintre de milieux... créateur de personnages...

(aims)   « Le but suprême du romancier est de nous rendre sensible l'âme humaine... Admiration et pitié, telle est la devise du roman. » —DUHAMEL

(lady)   C'est la romancière la plus célèbre de France.

(perception)   « Il y a toujours de l'aveugle et de l'inconscient chez un vrai romancier. »   —HÉRIAT

(popularity)   Ce ne sont pas leurs vertus littéraires, mais leur caractère de divertissement qui donnent un public aux romanciers.

novelette (novella)

La **nouvelle** tient le milieu entre le roman et le conte.

novelty

Ce livre frappe par la **nouveauté** de son thème.

nuance

Le critique respecte les **nuances** (f.) de chaque penseur ou écrivain, sans les plier au joug de ses classifications.

nuanced

Il portait sur ses romans postérieurs des jugements plus **nuancés**.

numerous

Depuis la mort de l'auteur, **nombreuses** ont été les études littéraires qui ont traité en détail son œuvre.

Quantité de passages dans l'œuvre d'Apollinaire ont un ton très équivoque.

Les commentaires deviennent plus fréquents et plus **abondants**.

Une foule de notes éclairent la moindre obscurité verbale.

Comment choisir parmi ces textes **innombrables**?

O

object [> intention]

(n.) « L'**objet** (m.) de la Science n'est pas la théorie, mais l'application. » —TAINE

(v.) A cette doctrine, on peut **faire** bien **des objections**.

objective

(n.) L'**objectif** reste le même: changer, devenir un autre.

(a.) Proust sait donner à l'œuvre ce caractère inflexiblement **objectif**.

« Je ne crois pas que le romancier doive exprimer son opinion sur les choses de ce monde. » —FLAUBERT

oblivion

C'est tout récemment qu'on a tiré son œuvre de l'**oubli** (m.) où elle était tombée.

oblivious

L'auteur en était évidemment **inconscient**.

obscene

Rarement a-t-on accumulé dans un livre autant de mots **orduriers.**

obscure

(a.) Ce combat d'influences **obscures** fournit sans doute la clé de son œuvre.

Sensible au style de Mauriac, à son art de traiter clairement des sujets **obscurs...**

Ses ouvrages resteront **dans l'ombre.**

observation

Quiconque s'enfonce dans la forêt proustienne en est récompensé par les **observations** pénétrantes, exactement notées.

Toute son œuvre vaut par la précision de l'**observation...**

L'auteur a oreilles curieuses et yeux alertes.

« Le don de voir est moins commun encore que le don de créer. » —ZOLA

observe

« **Observer** les hommes au lieu d'observer les pierres. » —BALZAC

Proust **observe** ses personnages avec la curiosité passionnée et distante d'un naturaliste observant des insectes.

obsolete [> dated]

Aujourd'hui, ce genre de poésie est **en désuétude.**

Cette espèce de poésie est **surannée** depuis longtemps.

obstacle

Ce sont les **obstacles** (m.) qui ont alimenté l'œuvre du romancier.

obtain

« Le courage mérite le succès, mais il ne suffit pas toujours pour l'**obtenir.** » —CHATEAUBRIAND

obvious

Il y a entre les deux hommes des constrastes **évidents.**

occasion [> opportunity]

Il a vite saisi cette **occasion.**

occur

Ce mot **figure** 25 fois dans l'œuvre poétique de Mallarmé, dont 7 fois à la rime et une fois dans un titre. (figurer)

Chez M. Cabanis, **il ne se produit** jamais une telle rupture entre le passé et le présent. (se produire)

occurrence [> event]

Ce **fait** banal comporte un détail assez singulier.

« La vie est pleine d'**occurrences** singulières. » —Balzac

octosyllable

L'**octosyllabe** (m.): vers très employé en ancien français, a été longtemps celui du roman et de la poésie didactique.

ode

L'**ode** fut introduite en France par la Pléiade, admiratrice de l'Antiquité.

« L'**ode** chante l'éternité, l'épopée solennise l'histoire, le drame peint la vie. » —Hugo

offstage [> wings]

L'action se déroule **dans la coulisse**.

omission [> gap]

Il y a forcément des **lacunes** (f.).

only

Seuls les écrivains de premier plan y ont trouvé place.

L'antithèse, voilà son grand, son **unique** procédé.

onomatopœia

L'**onomatopée**—mode de formation de mots propres à suggérer, par harmonie imitative, l'objet à désigner (coucou)—est très fréquente dans les langues dites primitives.

on stage

On constate la présence **sur la scène** de...

Phèdre entre **en scène**.

open with [> begin]

Le livre **s'ouvre sur** une esquisse biographique. (s'ouvrir sur)

opening

> [> introduction] L'**entrée** (f.) **en matière** vise a borner l'étude.

> [> premiere]   A la **création** du *Festin de Pierre*, Molière joua Sganarelle.

operetta

> Une **opérette** tient le milieu entre l'opéra comique et le vaudeville.

opinion

> Les **opinions** les plus diverses ont été énoncées sur ce sujet.

> **Opinion** défendable mais également discutable.

opportune

> Ayant attendu l'heure **opportune**...

> Elle s'est présentée en temps **utile**.

opportunity

> « Prenons l'**occasion** tandis qu'elle est propice. »   —Corneille

oppose

> Cette œuvre d'inspiration symboliste **s'opposait au** naturalisme de même qu'au symbolisme.   (s'opposer à)

opposing

> C'est autour de ces deux grands thèmes **antithétiques** que l'auteur regroupe les poèmes de la Pléiade.

opposition

> Ces deux critiques sont toujours en **opposition** (f.).

optimism

> L'**optimisme** (m.) que Voltaire a raillé dans son roman de Candide...

orator

> « Les passions sont les seuls **orateurs** qui persuadent toujours. »
> —La Rochefoucauld

> Démosthène fut le plus puissant **orateur** de l'antiquité.

oratorical

> On constate l'absence totale d'un ton **oratoire**.

> Le style de Corneille a toutes les qualités **oratoires** et logiques.

order

(n.) L'**ordre** (m.) pèse toujours à l'individu.

« L'**ordre** est une vertu morne et sombre. » —MONTAIGNE

Il suffit de changer l'**ordonnance** (f.) des mots pour qu'il n'en reste plus rien de *Madame Bovary*.

(v.) « J'**ordonne** que pour l'amour de moi vous n'aimiez que le Beau. » —BAUDELAIRE (ordonner)

Il **donna l'ordre** de faire brûler ses manuscrits. (donner...)

organization

Examinons d'abord l'**organisation** (f.) de cet exposé.

organize

« Il faut **organiser** scientifiquement l'humanité. » —RENAN

original

(n.) Si nous comparons la traduction à l'**original** (m.)...

(a.) « L'écrivain **original** n'est pas celui qui n'imite personne, mais celui que personne ne peut imiter. » —CHATEAUBRIAND

Chaque auteur vraiment **original** crée un climat qui lui est propre.

Le sujet n'a rien d'**original**.

Les versions **primitives** de certains poèmes sont extrêment précieuses.

originality

Ce tome est comme tous les précédents d'une claire **originalité**.

L'**originalité** de ce livre tient non seulement à son sujet, mais à sa conception même et à son style.

Il y a une **nouveauté** dans l'œuvre de Sarraute.

L'auteur nous entraîne ainsi loin des chemins battus.

« Qu'on ne dise pas que je n'ai rien dit de nouveau: la disposition des matières est nouvelle. » —PASCAL

originate

Ces fictions **tiraient leur origine** de l'histoire. (tirer...)

Il **a donné naissance à** un nouveau style. (donner...)

outcome [> dénouement]

Le mélodrame doit enfin satisfaire à la morale par un **dénouement** terrible au méchant, favorable à l'innocent.

outline [> plan]

(n.) Elle écrivait sans **plan** prémédité, improvisant au jour le jour les incidents, les sentiments de ses personnages.

L'**esquisse** (f.) est la première forme que l'artiste donne à son idée.

(v.) Elle **avait** déjà **esquissé** son roman. (esquisser)

outside [> exterior]

Le poème fait alterner les images du monde **extérieur** avec celles du domaine intérieur.

outweigh

L'étude de ce thème **l'emporte sur** toutes les autres considérations. (l'emporter sur)

overall [> general]

Cela ne change pas le dessein **d'ensemble** du livre.

Le plan **d'ensemble** des quatre volumes est à la fois chronologique et thématique.

Cette vue **d'ensemble** nous permet de...

overdone

Cette pièce est une des plus **surfaites.**

overestimate

Il **a surestimé** l'œuvre de Poe. (surestimer)

Le génie de Camus **a-t-il été surévalué**? (surévaluer)

overrated

Voilà certainement un livre **de réputation hative et surfaite**, un livre éminemment périssable.

overshadowed

Ils **passent au second plan** par rapport à d'autres thèmes. (passer...)

oversimplified

Cette interprétation me paraît trop schématisée, **trop simpliste.**

overtones

Le même thème reparaît avec d'autres **résonances** (f.) chez Camus.

oxymoron

L'**oxymoron** (m.) unit deux mots en apparence contradictoires: silence éloquent.

« Alliance de mots » est un synonyme d'**oxymoron**.

p

pace

(n.) Il fallait donner à ce spectacle une **allure** libre et légère.

padding (verse)

On appelle **cheville** (f.) des mots qui allongent la phrase sans rien ajouter au sens ni à la pensée:

« Mais nous autres faiseurs de livres **et d'écrits**... »
—BOILEAU

pagan

(a.) Le poète fait allusion ici aux dieux **païens**.

page

Dans ce journal il dirige la **page** littéraire.

Les **pages** érotiques de ce livre, également, ne s'oublient pas.

paint [>depict]

(v.) « Lorsque vous **peignez** les hommes, il faut **peindre** d'après nature. »
—MOLIÈRE

« On ne **peint** bien qu'avec des mots. » —CHARDONNE

palimpsest

Le **palimpseste** est un manuscrit sur parchemin dont on a effacé l'écriture, pour écrire de nouveau.

palindrome

Le **palindrome** se lit dans les deux sens: Esope reste ici et se repose.

pamphlet

Le **pamphlet** est un petit écrit en prose au ton polémique, violent et agressif.

Le jaillissement de l'esprit, des saillies, des mots qui portent et qui peignent, la fermeté du ton font de ce petit ouvrage, plein de l'esprit bourgeois, un de nos meilleurs **pamphlets**.

pamphleteer

Il a l'âme et le talent d'un **pamphlétaire**.

pantheism

La théologie chrétienne condamne le **panthéisme**.

pantoum

Le **pantoum** fut introduit dans notre poésie par Victor Hugo.

Harmonie du soir est un **pantoum** célèbre de Baudelaire.

parable

Parmi les plus célèbres **paraboles** sont celles du bon samaritain et de l'enfant prodigue.

paradox

Il y a là un **paradoxe** qui est celui du chrétien d'aujourd'hui.

C'est un des **paradoxes** de l'histoire littéraire.

paradoxical

Le livre abonde en de telles formules **paradoxales** et brillantes.

paragraph

Les **paragraphes** nous paraissent trop longs.

parallel

(n.) Peut-on établir certains **parallèles** entre...

(v.) La réalité **s'y double d'**une réalité mythologique et témoigne ainsi de l'ambiguïté de la condition humaine.   (se doubler de)

parallelism

Entre les deux strophes, le **parallélisme** est très étroit.

paraphrase

(n.) Cette traduction n'est qu'une lourde **paraphrase**.

« Je vous dis le fait sans aucune **paraphrase**. »   —SÉVIGNÉ

(v.) Il l'**avait paraphrasé** de l'italien.   (paraphraser)

parentheses

Il aime les précisions, les **parenthèses** (f.), les virgules bien placées.

La **parenthèse** « je ne sais pas bien pourquoi » semble inutile.

Parnassian

(a.) L'école **parnassienne** reflétait, en poésie, les tendances de l'esprit positiviste.

Par son hellénisme, son goût pour les formes brillantes et nettes, il préparait le mouvement **parnassien** qui le reconnut d'ailleurs pour son maître.

Parnassianism

Le **Parnasse** rejoint en somme le réalisme et le naturalisme, avec lesquels il eut une parenté évidente.

parataxis

La **parataxe**, ou la juxtaposition de propositions sans mots de subordination, est fréquente en ancien français.

La **parataxe** n'indique pas le rapport qui unit les propositions: « Vous avez compris, je pense. »

parody   [> burlesque]

(n.) La **parodie** cherche ses effets dans la transposition burlesque d'ouvrages sérieux familiers au public.

« A côté de toute grande chose, il y a une **parodie.** »   —HUGO

(v.) Comme Joyce et Mann, Butor se saisit de son bien pour le **parodier.**

paronomasia

La **paronomase** juxtapose deux mots de sens différent mais dont le son est semblable: « Qui vivra verra. »

part

(n.) L'éditeur a divisé son livre en trois **parties** (f.).

Toujours il prend le **parti** des enfants contre les adultes.

[>role] Dans cette révolution littéraire, la volonté a autant de **part** (f.) que la spontanéité.

(play a) part   [> act]

Le goût du paradoxe **y entrait pour quelque chose.**   (... entrer...)

participate

Le lecteur **participe à** cet ensemble.   (participer à)

participation

En sollicitant du spectateur une **participation** active, ils parviennent à lui faire appréhender la véritable image de sa condition.

passage

Voici le **passage** le plus développé.

(in) passing

Notons **au passage** le caractère particulier de ces obsessions.

Comment ne pas souligner, **en passant**, la valeur de ces merveilleuses allitérations?

passion

Don Juan est le symbole de la **passion** mâle.

Pour Descartes, les **passions** sont de brutales impulsions qui ont leur origine dans le corps.

« La durée de nos **passions** ne dépend pas plus de nous que la durée de notre vie. » —La Rochefoucauld

passive (voice)

A la forme active, le sujet est présenté agissant, le **passif** exprime un état du sujet résultant d'une action.

past

Il avait l'amour du **passé**.

C'est une variation sur le thème de l'indestructible **passé**.

« Ne perdons rien du **passé**. Ce n'est qu'avec le passé qu'on fait l'avenir. » —A. France

pastoral

(n.) *Paul et Virginie* est une **pastorale** qui se déroule dans un décor exotique.

(a.) *Astrée* est un énorme roman **pastoral** qui se passe au Ve siècle.

past tense   [> perfect]

On s'interroge sur la valeur de ce **passé composé** et sur le sens de la distance temporelle qu'il introduit.

Et le **passé défini** exclut qu'il s'agisse de la patience du poète.

Tous les verbes sont au **passé**.

pathos

« Le **pathétique** est le cri du cœur. » —Cousin

Le **pathos** est l'emploi des figures propres à émouvoir fortement.

Il n'y a aucun **pathos** : rien ne montre qu'il se soit passionné pour la détresse, ou pour le courage simple de la bonne femme.

penetrating

Ce critique a un esprit **pénétrant**.

« Que les fins de journée d'automne sont **pénétrantes!** » —Baudelaire

perception

Proust analysera jusqu'à l'épuisement le domaine de ses **perceptions** immédiates.

perfect [> imperfect]

(n.) Le **parfait** ou passé défini prend généralement en français le nom de « passé simple ».

(a.) C'est un homme dont le seul métier est de fournir aux pensées une forme **parfaite**.

« Le bonheur **parfait** n'est pas sur la terre. » —Rousseau

(v.) Dans le roman sa technique alla **se perfectionnant**. (se perfectionner)

perfection

Il poussait le goût des nuances et le choix des mots jusqu'à la plus délicate **perfection**.

performance

La **représentation** est l'action de jouer une pièce sur la scène d'un théâtre.

(spirited) Ce jeune acteur a brûlé les planches.

period

Deux cents pages, sans un **point**...

La **période** étudiée par l'ouvrage est particulièrement intéressante.

periodic sentence [> sentence]

La **période** est une phrase complexe dont les diverses parties sont agencées de manière à donner une impression d'équilibre et d'harmonie.

Ses **périodes** oratoires annoncent celles de Bossuet.

periphrasis

Une des caractéristiques du style précieux, la **périphrase** exprime en plusieurs mots ce que l'on aurait pu dire en un seul.

Par **périphrase**, Racine appelle la mer « la plaine liquide ».

persist

Les critiques **continuent à** surévaluer cette influence.　(continuer à)

Mme de Beauvoir **s'est acharnée à** se définir contre Dieu, contre la religion, contre la bourgeoisie.　(s'acharner à)

personal

Les personnages de Beckett incarnent la dérision et le refus de toute histoire **personnelle**.

Il s'interdisait d'exprimer en vers ses sentiments **privés**.

C'est un des poèmes les plus **intérieurs**.

personality　[> character]

C'est l'étude d'une **personnalité** difficile.

Un autre trait du **caractère** de Meursault...

personification

La **personnification** est une figure qui consiste à faire d'un être inanimé ou d'une pure abstraction un personnage réel, doué de sentiment et de vie.

Les **personnifications** sont fréquentes en poésie.

perspective

Reprendre tout le théâtre de Claudel dans cette **perspective** serait une longue étude.

pertinence

Ses idées ne manquent jamais de **pertinence** (f.).

pervade

Voici les thèmes qui **courent à travers** ces récits.　(courir...)

Cette veine protestataire et anarchiste **court dans** toute la poésie de Prévert.

L'influence de Proust **s'est** secrètement **irradiée dans** tout le roman contemporain.　(s'irradier dans)

pessimism

Un certain **pessimisme** plane sur cette œuvre.

On tombe dans le plus noir **pessimisme**.

philosopher

« Le **philosophe** consume sa vie à observer les hommes. »   —La Bruyère

« Raison, tolérance, humanité. »   —Condorcet

(18th century France) « C'est un homme qui oppose la nature à la loi, la raison à l'usage, sa conscience à l'opinion et son jugement à l'erreur. »   —Chamfort

philosophical

« L'esprit **philosophique** est un esprit d'observation et de justesse qui rapporte tout à ses principes. »   —Diderot

philosophize

Le personnage ne **philosophe** pas.   (philosopher)

philosophy

Faut-il voir une **philosophie** de l'auteur dans ce livre?

« Une grande **philosophie** n'est pas celle contre laquelle il n'y a rien à dire, mais celle qui a dit quelque chose. »   —Péguy

phonetic

Il en a remarqué la valeur **phonétique**.

picaresque

La veine **picaresque** caractérise l'œuvre de Voltaire.

S'y mêlent des épisodes **picaresques**, des séquences surréalistes.

picturesque

Les personnages qui retiendront notre attention dépassent le **pittoresque**.

pity

(n.) Rien n'entre plus avant dans le cœur de l'homme que la **pitié**.

(v.) Jamais l'auteur ne **se prend en pitié**.   (se prendre...)

place

(n.) Définir la **place** qu'il tient dans les lettres contemporaines n'est pas facile.

« Nous chérissons les **lieux** (m.) où nous avons vécu. » —MME DE SÉVIGNÉ

(v.) Ce critique tente de **situer** les écrivains en fonction de leur avenir.

Il s'agit en somme de **placer** la femme dans une perspective existentielle.

plagiarism

Evidemment, il ne s'agit pas d'un **plagiat**.

« Le **plagiat** est la base de toutes les littératures. » —GIRAUDOUX

plan [> rough draft]

(n.) Certains critiques l'ont accusé de n'avoir pas eu de **plan** (m.).

platonic

Il s'agit donc d'un amour **platonique**.

plausible

« Le vrai a été souvent beaucoup au delà du **vraisemblable**. » —D'AGUESSEAU

play (a role)

Bergson **a joué** un rôle immense dans la formation de Péguy.   (jouer)

Un enfant **figurait** un ange et annonçait la nativité.   (figurer)

play [> drama]

La **pièce** n'a pas encore été mise en scène.

Ce n'est qu'une enfilade de scènes juxtaposées, faites seulement pour la lecture.

(adapted)	Les pièces sont tirées de romans.
(aims)	« Je voudrais bien savoir si la grande règle de toutes les règles n'est pas de plaire, et si une pièce de théâtre qui a attrapé son but n'a pas suivi un bon chemin. » —MOLIÈRE
(commercial success)	Une pièce à succès est construite et écrite pour plaire au plus grand nombre.
(drama)	« Tout drame inventé reflète un drame qui ne s'invente pas. » —MAURIAC
(general interest)	Une pièce d'une portée beaucoup plus générale...
(historical)	Une pièce peut être appelée historique lorsqu'elle tire son sujet de l'histoire.

(masterpiece)	Un des chefs-d'œuvre de l'art dramatique universel...
(minor)	C'était une pièce mineure.
(nonconformist)	La pièce met en cause les valeurs établies.
(often performed)	Voici l'une des pièces les plus souvent jouées du répertoire russe.
(propaganda)	Sartre et Camus ont écrit des pièces à thèse.
(sequence of acts)	L'auteur attache une grande importance à la liaison des actes.
(society)	La pièce de conversation est une comédie où l'on met en scène la haute société.
(structure)	La pièce est divisée en tableaux courts.
(style)	Ils ne prétendent au style qu'à travers l'efficacité du dialogue et l'excellence des interprètes.
(verse)	Le poème dramatique est une pièce de théâtre écrite en vers.

playable

La pièce a paru **jouable**.

playlet

Dans les **piécettes**, courtes mais si pleines, si denses...

Ses premières **piécettes** font danser devant nos yeux de légères figures aériennes, vaporeuses, indécises.

playwright

Il remporta un grand succès comme **auteur** (m.) **dramatique**.

Ce thème exerce une influence sur les **dramaturges** (m.).

« Il fait des actes comme d'autres font des chaises. » —ANOUILH

playwriting

« Les deux moments de **la création dramatique**. La création par l'émotion, qui donne la matière. Puis la création par l'art, qui juge, choisit, combine, construit. » —MONTHERLANT

please

(v.) Ce premier roman se perd et se détruit d'avoir cherché, avec trop d'application, à **plaire** et à instruire.

pleasure

On éprouve du **plaisir** à lire ce récit.

Pleiad

La **pléiade** la plus célèbre est celle de la Renaissance française.

La **Pléiade** rompt avec la poésie populaire, elle prétend recréer la poésie française à l'imitation des anciens et des Italiens.

pleonasm

Un **pléonasme** est l'emploi dans une phrase de termes ayant le même sens.

On trouve un **pléonasme**, accepté par l'usage, dans le verbe « se suicider. »

« Les moindres défauts de ce grossier génie
Sont ou le **pléonasme** ou la cacophonie. » —Molière

plot

Succession de faits et d'action qui laissent le spectateur ou le lecteur en suspens sur le dénouement qu'amènera l'auteur.

(n.) Il est très injuste de dire que Molière ne sait pas bâtir une **intrigue**.

Ce paragraphe résume avec concision le nœud de l'**intrigue**.

On y voit l'habileté avec laquelle Corneille a noué l'**intrigue**.

Certaines de ses **intrigues** sont compliquées, chargées de situations curieuses, de péripéties surprenantes.

La **trame** du roman est simple et sans doute secondaire.

Ainsi est annoncée la ressemblance qui permettra à la **trame** principale du roman de se développer.

plot summary

Argument (m.): prologue contenant l'exposition sommaire d'une pièce de théâtre.

plural

Et tout est au **pluriel**, pour plus de grandeur: les flots, les mers, les cieux.

poem

« Un **poème** est un mystère dont le lecteur doit chercher la clef. » —Mallarmé

Le terme de **poème** peut toujours désigner une pièce de vers d'une certaine importance.

« Un **poème** doit être une fête de l'intellect. » —Valéry

« Le **poème**—cette hésitation prolongée entre le son et le sens. » —Valéry

« La seule ambition de faire un **poème** suffit à le tuer. »   —MICHAUX

(alexandrine) « Le vers alexandrin n'est souvent qu'un cache-sottises. »
—STENDAHL

(baroque)   On y retrouve le chant grave et souvent baroque de ce poète.

(in dialogue) Nous avons affaire à un poème dialogué.

(inspiration) « L'art ne fait que des vers, le cœur seul est poète. »   —CHÉNIER

(meter)   Le mètre impair est plus vague que le mètre pair.

(movement) Une lecture prosaïque du poème ne révèle pas de mouvement cyclique.

Le mouvement du poème transforme cette opposition en
passage perpétuel.

(prose)   Nombreux sont les poèmes en prose où Baudelaire se met lui-
même en scène, en qualité de témoin et de narrateur.

(purpose)   « Il me semble qu'en France, une œuvre—et particulièrement un poème—soit plus offert au jugement qu'à la déléctation. »
—VALÉRY

(sonnet)   Le sonnet passe en France au début du XVIe siècle.

(sonority)   Ce mot nuit à la sonorité du vers.

(structure)   Nul enjambement, nulle construction complexe...

Le poème est composé de cinq quatrains.

Les trois strophes impairs comprennent le quatrain central.

(symbolic)   Vigny a créé le poème symbolique, forme impersonnelle où
frémit une sensibilité très personnelle.

(technique)   Cette strophe marque au mieux le progrès de la technique
poétique depuis les vers de Chénier.

C'est là un des exemples de l'art avec lequel Apollinaire sait
faire tourner une strophe.

(tonality)   La tonalité est faite de mélancolie.

poet

Le **poète** est celui à qui s'imposent des schèmes verbaux.

« Il ne faut pas confondre versificateur et **poète**. Le vrai poète est celui qui
remue l'âme, et qui l'attendrit. »   —VOLTAIRE

« Les grands **poètes**, comme les grands acteurs, sont les êtres les moins
sensibles; ils sont trop occupés à regarder, à reconnaître et à imiter pour
être vivement affectés au-dedans d'eux-mêmes. »   —DIDEROT

« Le **poète** doit être un professeur d'espérance. » —GIONO

C'est un des plus étonnants **écrivains en vers** que nous ayons; il semble que cette forme lui soit plus naturelle que la prose.

C'est un excellent **ouvrier en vers** qui connaît toutes les finesses de son art.

(cubist)	Les cubistes font table rase de la mesure, du rythme, de la rime, et cherchent le mot, l'image qui évoque la vie inconsciente éparse dans le monde.
(dadaist)	Les dadaïstes boulversent logique, syntaxe, sens traditionnel des mots.
(incomparable)	Sur ce point aucun poète n'est son égal.
(musical)	« Le poète n'est qu'un musicien entre les autres. Poésie, musique, c'est même chose. » —BREMOND
	« Le premier parmi nos poètes, il subit, il invoque, il interroge la musique. » —VALÉRY, au sujet de Baudelaire
(prose)	Ce poète en prose...
(romantic)	L'œuvre commune des poètes romantiques a été de rendre le vers pittoresque, musical et souple.
(simultaneist)	Nous avons les simultanéistes, qui composent des poèmes à plusieurs voix, et expriment la vision simultanée des choses.
(surrealist)	Les surréalistes, pour qui le monde soi-disant réel n'existe pas, se tournent vers un autre monde surréel, alignant de simples associations d'images dans un état voisin du rêve.
(tragic)	Corneille et Racine sont nos grands tragiques.

poetess

Nous ne savons presque rien de la **poétesse** qui transcrivit au xiie siècle une douzaine de lais bretons.

poetic

Tout ce que l'on pourrait aussi bien dire, expliquer, exprimer en prose n'est pas **poétique**.

poetic license

Il y a des **licences** (f.) **poétiques** qui concernent non seulement la rime, mais encore la mesure et le rythme.

Au-delà du xviie siècle, des formes telles que « je voi, j'aperçoi » se maintiendront à titre de **licences poétiques**.

poetic theory

Toute sa **poétique** repose sur la nécessité de satisfaire la raison.

poetry

« La **Poésie** est l'expression, par le langage humain ramené à son rythme essentiel, du sens mystérieux des aspects de l'existence; elle doue ainsi d'authenticité notre séjour et constitue la seule tâche spirituelle. » —MALLARMÉ

« La **poésie** n'est faite que de beaux détails. »   —VOLTAIRE

« La **poésie** m'apparaît comme une explication du Monde délicate et belle, contenue dans une musique singulière et continuelle. »   —VALÉRY

« La **poésie** est une calamité de naissance. »   —COCTEAU

Le **vers** est musique et image.

Une chaîne de correspondances phoniques.

Ce qui reste quand on a éliminé tout ce qu'on peut traduire en prose.

« L'explication orphique de la terre. »   —MALLARMÉ

(aims)	Le but de la poésie est, pour eux, de suggérer le sens mystérieux des aspects de l'existence.
(bad)	« Mais dans l'art dangereux de rimer et d'écrire, Il n'est pas de degré du médiocre au pire. » —BOILEAU
(balance)	Il se montre supérieur à Rimbaud en balancement de grands vers évocateurs.
(dramatic)	« Du reste, il y a du drame dans la poésie, et il y a de la poésie dans le drame. » —HUGO
(emotional)	« La poésie pleure bien, chante bien, mais elle décrit mal. » —LAMARTINE
(form)	« Nulle forme fixe n'est plus considérée comme le moule nécessaire à l'expression de toute pensée poétique. » —VIELÉ-GRIFFIN
(in France)	« Les Français sont ceux qui aiment le moins la poésie et qui s'y connaissent le moins. » —CHÉNIER
	« La France éprouve une horreur congénitale de la poésie. » —BAUDELAIRE
(good)	« Pour être bons, les vers doivent avoir l'exactitude de la prose. Pour juger s'ils sont mauvais, mettez-les en prose, et si cette prose est incorrecte, les vers le sont aussi. » —VOLTAIRE

(inspiration)	La poésie ne suit jamais quand la pensée marche la première.
(introspective)	La poésie moderne nous fait généralement assister à un drame très intérieur.
(light)	C'est surtout par ses poésies de circonstance que Voltaire plaît aujourd'hui.
(meaning)	« Mes vers ont le sens qu'on leur prête. » —Valéry
	« Et mon vers, bien ou mal, dit toujours quelque chose. » —Boileau
	« J'aime les beaux poèmes,... tout l'au-delà de ces vers. » —Aragon
(musicality)	« La poésie française diffère musicalement de toutes les autres. » —Valéry
(naturalist)	La poésie de l'époque naturaliste s'efforce d'être impersonnelle, intellectuelle, scientifique.
(new)	Cette poésie nouvelle ne se distingue pas de la prose poétique.
(original)	La poétique d'Eluard est originale.
	Les qualités de plasticité, de surprise, de renouvellement perpétuel dont son œuvre témoigne...
(phonetics)	Alors que le vocalisme semblait surtout exprimer les thèmes affectifs, le consonantisme paraît plutôt souligner la structure syntaxique du poème.
(*vs.* prose)	« Tout ce qui n'est point prose est vers; et tout ce qui n'est point vers est prose. » —Molière
(and reason)	« Je n'estime la poésie qu'autant qu'elle est l'ornement de la raison. » —Voltaire
	Houdart estime que le vers tyrannise le bon sens et doit être supprimé.
(restrictions)	La notion de liberté est évidemment essentielle à la poésie d'aujourd'hui, et elle ne contredit pas nécessairement celle de rigueur.
(revisions)	La poésie semble y couler de source; en réalité chaque fable a été faite et refaite jusqu'à ce qu'elle ait été jugée parfaite.
(rhythm)	La poésie est avant tout un art du temps.
	Il a le sens délicat de l'harmonie des mots et de l'ondulation du rythme; son vers chante. Et le rythme, l'harmonie, le mètre même sont toujours en relation étroite avec la pensée.

« Seul le rythme provoque le court-circuit poétique et transmue le cuivre en or, la parole en verbe. » —Senghor

(romantic) Les sources essentielles du lyrisme romantique sont: l'émoi amoureux, le sentiment de la nature, l'angoisse de la mort et du néant.

(sound) La tonalité générale du poème dépend de la prédilection du poète pour certains sons ou groupes de sons.

La poésie appartient à la voix et à l'oreille.

(standards) « Enfin Malherbe vint, et, le premier en France, Fit sentir dans les vers une juste cadence. » —Boileau

(stately) Vers fermes, oratoires, sans emphase, où tout était pesé et réfléchi.

(style) L'antithèse, la métaphore caractérisent son style poétique, qui utilise avec une science consommée toutes les ressources de la langue et de la prosodie.

(tone) « Heureux qui, dans ses vers, sait d'une voix légère Passer du grave au doux, du plaisant au sévère. » —Boileau

(word order) « Il est clair que la liberté de l'ordre de mots dans la phrase, à laquelle le français est singulièrement opposé, est essentielle au jeu de la versification. » —Valéry

(words) « Céder l'initiative aux mots. » —Mallarmé

point

(n.) Les jugements sur ce **point** sont très différents.

point of view

Pour la compréhension d'une œuvre théâtrale, il importe avant tout de définir le **point de vue**, la perspective voulue et choisie par l'auteur.

Il faut assurer à chaque moment l'unicité du **point de vue**.

Empruntant à Pirandello, avec ses multiples vérités selon le **point de vue** du personnage...

Certains romanciers sont soucieux d'éviter le **point de vue** unique d'un personnage central.

« C'est capital, la place de l'écrivain dans un livre. » —Duras

L'importance de ce **champ de perception** se manifeste aussitôt.

Quel est cet **angle de vision psychologique**?

point out [> show]

> Nous **avons signalé** l'intérêt qu'il portait à la folie.   (signaler)
>
> Ce passage mérite d'**être relevé**.   (relever)

polemic

> (n.) La **polémique** devint ardente et se poursuivit pendant cinq ans.
>
> (a.) Il ne fait que de la critique **polémique**.

polemicist

> L'œuvre capitale de Bossuet **polémiste** (m.) est l'*Histoire des Variations des Eglises protestantes* (1688).

polish

> (v.) « **Polissez**-le sans cesse et le repolissez. »   —Boileau   (polir)

political

> Le vers **politique** est un vers romain postérieur à l'ère chrétienne.

politician

> Je ne voudrais parler maintenant que des **hommes politiques**.

politics

> Le chapitre qui retiendra le plus d'attention est incontestablement celui qu'il consacre aux rapports de Sartre avec la **politique**.

ponder [> reflect]

> Il **a** bien **pesé** le pour et le contre.   (peser)

popular [> fashionable]

> « La poésie **populaire** de tous les pays, et même du nôtre, aime le non-sens. »
> —Bremond
>
> Il a été l'auteur dramatique le plus **en vedette** de l'année.
>
> Don Juan était un sujet fort **à la mode** quand Molière le reprit.

portrait

> Appliquée aux personnes, la description devient le **portrait**.
>
> Au XVIIᵉ siècle, le **portrait** était un jeu d'esprit qui consistait à décrire une personne.
>
> La Bruyère est surtout inimitable comme peintre de **portraits**.

portray

De ces écrivains qui ont le droit de se **portraiturer** tout vifs et qui savent le faire sans rien perdre de leur dignité, Julien Green est le modèle.

Le génie est toujours difficile à **mettre en scène**.

« Une lanterne magique... où des légendes **étaient dépeintes** comme dans un vitrail vacillant et momentané. » —PROUST (dépeindre)

positive

(n.) Il y a trois degrés dans les adjectifs: le **positif**, le comparatif et le superlatif.

(a.) Inutile de chercher une preuve **positive**.

possess

Le poème **possède** des qualités rituelles. (posséder)

postface

Son livre a non seulement une préface, mais encore une **postface**.

La tentative entreprise dans la **postface** pour élucider la notion d'art moderne...

posthumous

Quelques écrits **posthumes** de Diderot sont à publier.

poverty

« La **misère** porte au désespoir. » —PASCAL

Il fait preuve d'une grande **pauvreté** d'idées.

power [> strength]

S'il connaît le **pouvoir** de la parole, il connaît également celui du silence.

La **puissance** dramatique des vieux mythes enrichit la condition humaine.

powerful

« Vers **puissants** et majestueux. » —CORNEILLE

praise [> celebrate]

(v.) Le poème **fut loué** par tous les amis de Valéry. (louer)

Villon **chante** les femmes de jadis. (chanter)

prayer

Cette poésie est indirectement une **prière**.

L'**oraison** (f.) est une prière mentale sous forme de méditation, dans laquelle le cœur a plus de part que l'esprit.

Bossuet prononça douze **oraisons** funèbres.

« L'**oraison** funèbre était un hommage d'étiquette chez les Romains, ainsi que de nos jours. » —DIDEROT

precede

« La pensée **précède** l'action, comme l'éclair le tonnerre. » —HEINE (précéder)

Chaque chapitre **est précédé** d'un résumé qui en donne l'essentiel.

preciosity

Une forme de rhétorique qui donne plus d'importance aux recherches de style qu'à l'idée.

Dans son principe, la **préciosité** fut une école de bon ton et de bonne tenue.

Baroque et **préciosité** sont des esthétiques de la nouveauté et de l'étonnement.

Quelques-uns ont cru trouver en Giraudoux un restaurateur de la **préciosité** du XVIIᵉ siècle.

En Italie et en Espagne sévissait alors une crise de subtilité et de raffinement littéraire. En Italie, c'était le **concettisme** ou le **marinisme**, en Espagne c'était le **cultisme** ou le **gongorisme**; l'Angleterre connut l'**euphuisme**. La **préciosité** était donc une crise européenne.

Il a aimé les **préciosités** de toutes les littératures et de toutes les époques, la préciosité étant le goût du rare et l'horreur du vulgaire.

precious

Le **précieux** a un caractère dont les manières, le langage, les sentiments sont empreints d'une délicatesse et d'un raffinement artificiels.

L'œuvre essentielle de la société **précieuse**, la création de l'esprit mondain, demeura.

precise

Ce roman reflète avec sûreté une connaissance **précise** des milieux.

precision

« La **précision** est la vraie clarté. Images et précision, ces deux mots sont toute ma rhétorique. » —VOLTAIRE

predecessors

> Allant plus loin que ses **devanciers** (m.)...

> Comme ses **prédécesseurs** (m.), il aime les aventures romanesques.

predominance

> La **prédominance** du grotesque sur le sublime, dans les lettres, est vivement marquée.

preface

> (n.) En France la **préface** définit le sens de l'œuvre, prend l'allure polémique d'un pamphlet ou la valeur d'un manifeste littéraire.

> Dans une dense et lumineuse **préface**...

preface writer

> Le **préfacier** s'est rendu célèbre.

prefer

> On **préfère** en général sa dernière nouvelle.   (préférer)

> Il **apprécie** ce roman **par-dessus** tous les autres livres de Balzac. (apprécier...)

preference

> Ses **préférences** (f.) vont à l'aventure et à l'action.

> L'évidente **prédilection** de l'auteur pour cette sorte de personnage...

prejudiced

> L'auteur est passablement **préjugé**, comme tout pamphlétaire qui se respecte.

premiere   [> opening]

> La **première**, c'est-à-dire la première représentation d'une pièce nouvelle...

> La **première** marqua le triomphe du théâtre d'avant-garde.

premise

> Ces **prémisses** posées, Pascal entame sa démonstration.

> La **donnée** initiale est la révolte contre le pouvoir.

presence

> On constate dans ces récits la **présence** d'un climat d'irréalité.

present

> (n.) Tout le récit se fait au **présent**, à la deuxième personne du singulier.

(a.) « Comme Dieu, le vrai poète est **présent** partout à la fois dans son œuvre. »
—Hugo

(v.) Ce récit, soigneusement écrit, **met en scène** des personnages qui sont...
(mettre...)

Je me bornerai donc à **exposer** mes conclusions.

(at) present

Le jeune théâtre britannique est **actuellement** le plus prospère, le plus
fécond qui soit.

presentation

Quant à la **présentation** de l'argumentation, elle est très logique et procède
par étapes successives.

L'intérêt majeur de cet ouvrage réside dans la clarté de l'**exposé** (m.).

press

(n.) Un pouvoir nouveau apparut: la **presse**, qui fournit des opinions toutes
faites aux lecteurs inexpérimentés.

prestige

Son **prestige** lui permettait tout.

presuppose

Cet ouvrage **suppose** une connaissance déjà familière des œuvres qu'il
commente.   (supposer)

prevail

La satire **l'emporte sur** la pitié.   (l'emporter sur)

L'élément tragique **a pris le dessus**...   (prendre...)

Un seul principe **domine** toute l'œuvre.   (dominer)

preview

L'insuccès de cette **avant-première**...

primarily

Le mélodrame est **d'abord** un drame à grand spectacle.

principal   [> main]

Le temps est le grand thème de son œuvre et son **principal** souci.

principle

Il l'utilise pour illustrer les grands **principes** moraux et religieux.

printing

L'**imprimerie** (f.) rendit la critique plus indispensable et plus fréquente.

Epuisé en un mois, il fut tiré en seconde **édition** à 3.000 exemplaires.

prior

Les écrits de Sartre **antérieurs** à 1943 se présentent comme un ensemble de points de vue fragmentaires.

prize

« Un écrivain qui reçoit un **prix** littéraire est déshonoré. »   —LÉAUTAUD

Les couronnes des **prix** et la qualité des œuvres ne se rencontrent pas souvent sur les mêmes têtes.

« Moi, c'est moralement que j'ai mon **prix** Nobel. »   —SARTRE

probability

« Dans l'art la vérité n'est rien, c'est la **probabilité** qui est tout. »   —VIGNY

probable

« Il était **vraisemblable** que la France allait perdre deux provinces. » —VOLTAIRE

problem

Il a traité le **problème** de...

Il satirise la société d'alors qui résolvait tous les **problèmes** avec des mots.

C'est le nœud du **problème**.

procedure   [> device]

« Il y a deux choses dans les arts: les **procédés** (m.) et le génie. »   —SCHERER

process

(n.) Tout un **processus** de création littéraire se développe.

Le **processus** créateur de l'écrivain est devenu un des grands thèmes littéraires de notre époque, sinon le principal.

produce

(v.) Il a beaucoup **produit** en des genres très divers.   (produire)

La fin de ce roman **provoque** un effet de surprise.   (provoquer)

production

Cette pièce a été une des grandes **créations** de la saison.

professional

Les écrivains **de métier** étaient portés à se méfier de ce qu'apportait cet amateur.

profound

Ce sont ces qualités **profondes** que l'on se propose de mettre en lumière.

progress

(v.) Le drame **progresse** par paliers, de situation en situation.   (progresser)

progression

Il y a dans ce roman une **progression** d'intérêt continuelle.

Ce sont des séquences décousues, sans **progression** dramatique.

progressive

L'accélération **progressive** du rythme de la narration...

prolepsis

Synonyme d'anticipation, la **prolepse** est une figure par laquelle on prévoit et l'on réfute d'avance les objections de son adversaire.

Boileau s'est servi de la **prolepse** pour répondre à ceux qui lui reprochaient son goût pour la satire.

prologue

Le **prologue** est un bref avertissement dont on fait précéder un ouvrage.

prolong

Mais à quoi bon **prolonger** cette analyse ?

promise

(n.) Elle allait sans doute manquer à sa **promesse**.

(v.) Le poète nous **promet** tout ensemble beaucoup plus et beaucoup moins que le romancier.   (promettre)

promising

C'est un talent déjà très sûr et **qui promet beaucoup**.

proof

La **preuve** en est qu'il le mentionne à plusieurs reprises.

« La fin de *Candide* est pour moi la **preuve** criante d'un génie de premier ordre. La griffe du lion est marquée dans cette conclusion tranquille, bête comme la vie. » —FLAUBERT

proportions

Ce fut une entreprise de vastes **proportions** (f.).

Il s'agit d'un ouvrage d'**envergure** (f.) modeste.

propose

Nous **proposons** le tableau de correspondances suivant: ...   (proposer)

Flaubert **s'est proposé d'**écrire l'histoire d'un moment et d'un terroir.

prose

Chez la plupart des peuples, la **prose** littéraire n'est apparue que longtemps après la poésie.

« La belle **prose** est comme un fleuve majestueux qui roule ses eaux. »
—MONTESQUIEU

« La **prose** n'est jamais finie. »   —FLAUBERT

« Le chef-d'œuvre littéraire de la France est peut-être sa **prose** abstraite, dont la pareille ne se trouve nulle part. »   —VALÉRY

(harmonious)   « Il faut qu'il y ait une harmonie dans la bonne prose. »
              —VAUVENARGUES

(poetic)   Dans sa prose sont enchâssés de véritables poèmes.

               « J'ai fait des vers vingt ans de ma vie avant d'écrire une ligne de prose. »   —CHATEAUBRIAND

prose writer

« Vos **prosateurs** sont souvent plus éloquents et plus poétiques que vos poètes. »   —MME DE STAËL

prosody

Peu de poètes ont fait autant que Ronsard pour la **prosodie** française.

protagonist   [> hero]

Le **protagoniste** joue le rôle principal.

protestant

Il est catholique, mais le milieu où il vit est **protestant**.

prototype   [> archetype]

C'est le **prototype** de tous les héros... le **prototype** du genre.

prove

Il faut maintenant **prouver** cette interprétation.

provide

Les anciens ne pouvaient **fournir** aux novateurs leur technique.

Le titre **est fourni** par deux vers d'André Breton.

provoke

« La persécution **provoque** la résistance. » —Constant   (provoquer)

pseudonym

C'était son **pseudonyme**, un nom de plume.

psychoanalysis

L'œuvre a l'ambition d'être une **psychanalyse** de Sartre.

psychological

Ainsi se fait jour, dans la conversation de ces mondains, ce goût de l'investigation **psychologique** qui sera la marque propre de notre classicisme.

L'intérêt du récit réside surtout dans l'analyse **psychologique** des quatre rebelles.

Ce qui l'intéresse, ce sont les problèmes **psychologiques** qui naissent des situations.

psychology

Les complexités de la **psychologie** analytique lui sont étrangères.

La phrase de Proust est ici, comme toujours, en rapport étroit avec la **psychologie**.

public

(n.) Cette édition est destinée au grand **public**.

Après tout, le **public** n'a que les écrivains qu'il mérite.

publication

Ce texte n'était pas écrit pour la **publication**.

publish

Il **a** déjà **publié** des recueils de vers, des reportages, des pièces de théâtre et des romans.   (publier)

Il ne put **faire paraître** son article.

publisher

Aucun **éditeur**, aucune revue ne voulait prendre ce roman.

publishing

L'**édition** (f.), c'est un métier de gentleman.

L'œuvre de Balzac reste le plus grand succès de l'**édition** populaire en France.

pun [> word play]

Le **calembour** est un jeu de mots fondé sur la différence de sens entre des mots qui se prononcent de la même manière.

punctuation

La suppression de toute **ponctuation** confère au poème un mouvement sans contrainte.

Elle a volontairement négligé presque toute **ponctuation**.

« C'était un beau parleur, qui soulignait ses sourires, et guillemetait ses gestes. » —HUGO

pure

Son dernier roman est une œuvre de **pure** imagination.

purify

Malherbe **épura** la langue, en rejetant tout ce que n'avait pas retenu l'usage et en prescrivant de donner à la phrase une netteté géométrique.   (épurer)

purity

La **pureté** absolue n'est qu'un idéal, miraculeusement réalisé dans les chefs-d'œuvre classiques.

purpose [> object]

Ces notes ont pour **objet** (m.) la publication de trois lettres inédites.

purposely

Il ménage **à dessein** l'ambiguïté de ses ouvrages.

pursue

Proust **poursuivit** les mots exacts qui pouvaient peindre...   (poursuivre)

q

quality

> Le livre garde son intérêt, ses **qualités** (f.) et ses défauts.

quantity

> La vie intérieure ignore la **quantité**; c'est le domaine de la qualité.

quatrain

> Le **quatrain** est une strophe composée de quatre vers.
>
> Le second **quatrain** reprend un vieux thème.
>
> Dans le célèbre **quatrain** 5 du poème qui va nous occuper...
>
> Le **quatrain** est la strophe souveraine qui règne sans rivale à toutes les époques de la poésie française.

question

> (n.) Cette **question** n'a pas été davantage élucidée.
>
> Dans les trois romans en **cause** (f.)...
>
> (v.) On ne songe pas à **mettre en doute** sa véracité.
>
> « Ce juge qui va les **interroger** avec une partialité savante. »   —A. France

question mark

> Que signifie ce **point** (m.) **d'interrogation**?

quotation

> Les écrivains mettent la **citation** littéraire dans leurs ouvrages pour expliquer leur pensée et la rendre plus frappante.
>
> Sa prose est hérissée de **citations**.
>
> Toute **citation** doit être accompagnée de l'indication de la source.

quotation marks

> Trois longs chapitres, sans **guillemets** (m.) ...

quote [> cite]

(v.) « Rien n'est plus désagréable qu'un homme qui **se cite** lui-même à tout propos. » —La Rochefoucauld (se citer)

Il **cita** de mémoire les phrases essentielles du discours.

r

race

(n.) En critique, Taine a essayé de démontrer que les œuvres étaient le produit de trois causes: la **race**, le milieu, le moment.

rational

Les idées ne sont pas exprimées suivant les lois **rationnelles** de la logique.

reaction

« En général, les effets d'une **réaction** intellectuelle ne deviennent sensibles qu'au bout d'une génération. » —Renan

reach [> attain]

(v.) Le style coloré et musical semble **avoir atteint** ici sa perfection. (atteindre)

Nous **parvenons** ainsi aux deux strophes centrales. (parvenir)

read

« L'art de **lire**, c'est l'art de penser avec un peu d'aide. » —Faguet

Il faut le **lire** d'un trait.

Pour s'en convaincre il n'est que de **lire** les stances du *Cid*.

reader(s)

La plus grave gêne pour le **lecteur** résulte du plan même de l'ouvrage.

Ce roman a été lu par un **public** étendu.

reading

« La **lecture** de tous les bons livres est comme une conversation avec les plus honnêtes gens des siècles passés. » —Descartes

D'une **lecture** certes difficile, ce roman...

Une **lecture** attentive de ce texte révèle deux mouvements dans leur démarche.

real

Il se préoccupe beaucoup plus du **réel** que des fiches bien classées.

Certains passages sont de **réels** poèmes en prose.

realism

Le **réalisme** apparaît en littérature vers 1850, comme une réaction contre le lyrisme, le romanesque et les excès d'imagination du roman romantique.

L'œuvre réaliste prétend représenter la nature et la vie telles qu'elles sont, avec une objectivité que n'embellissent ni la poésie ni l'imagination.

Madame Bovary passe souvent pour le type même du roman réaliste.

« Plus il ira, plus l'Art sera scientifique, de même que la science deviendra artistique. » —Flaubert

Il raconte son histoire avec une observation exacte de la réalité.

« Le réaliste, s'il est un artiste, cherchera non pas à nous donner la photographie de la vie, mais à nous en donner la vision plus complète, plus saisissante, plus probante que la réalité même. » —Maupassant

Le réaliste français est toujours soucieux d'une thèse à démontrer, d'un effet unique à produire.

Il peint la vie comme elle est, sans l'embellir ni la noircir, avec sa laideur, toute son atroce laideur, mais aussi ses charmes, sa beauté, sa douceur.

« Je trouve inutile et fastidieux de représenter ce qui est, parce que rien de ce qui est ne me satisfait. » —Baudelaire

« Aucun art ne peut refuser absolument le réel. » —Camus

realistic

Giraudoux n'essaie pas d'être **réaliste**.

« Le vrai peut quelquefois n'être pas **vraisemblable**. » —Boileau

reality

« La seule **réalité**, c'est le passé. » —A. France

Expliquez les besoins de **réalité** qu'éprouvait le XVIIIe siècle en matière de théâtre.

« Nous ne connaissons jamais la **réalité** qu'à travers de grands artistes. » —Maurois

Il crée des êtres hors du **réel**, hors de l'humanité.

« Etre et paraître sont deux. » —Proverbe

realize

Le personnage central **prend** nettement **conscience** de sa lâcheté. (prendre...)

On ne **se rend** pas **compte de** la lecture qu'il faudrait faire.   (se rendre...)

reappear

Les mêmes personnages **reparaissent** régulièrement.   (reparaître)

reason

(n.) « Le cœur a ses **raisons** que la **raison** ne connaît pas. »   —Pascal

A la racine de cette crise du XXᵉ siècle, il y eut bien sûr la perte de confiance en la **raison**.

« Peut-on transformer le monde sans croire au pouvoir absolu de la **raison**? » —Camus

(v.) C'est un personnage qui **raisonne** trop.   (raisonner)

reasoning

On tente de la comprendre par analyse et **raisonnement** logique.

« Le **raisonnement** n'est qu'un instrument, aussi bon pour l'erreur que pour la vérité. »   —Cousin

rebel

(v.) Il **se révolte** de bonne heure **contre** la société.   (se révolter contre)

recall

Cela **rappelle** une situation semblable.   (rappeler)

Sa langue **fait écho à** celle de Baudelaire.   (faire...)

receive

Les critiques **ont accueilli** son œuvre avec enthousiasme.   (accueillir)

recognize

Montaigne et Stendhal sont les maîtres qu'il **revendique**.   (revendiquer)

On ne **reconnaît** plus son ancien style.   (reconnaître)

reconcile

Le naturalisme du XIXᵉ siècle, le formalisme du XXᵉ se trouvent ainsi **réconciliés**.   (réconcilier)

Il **a fait un rapprochement** entre ces deux idées.   (faire...)

recreate

Cet écrivain **a recréé** l'expérience humaine.   (recréer)

recur

Le mot **revient à plusieurs reprises** sous la plume de notre auteur. (revenir...)

recurrence

On est frappé par le **retour** de certains vers.

reduce

L'idéal est de **réduire** la durée de l'action à la durée de la représentation.

redundancy   [> pleonasm]

La **redondance** affaiblit le style.

redundant

« Il faut ôter dans le style ce qui est **redondant**. »   —V<small>AUGELAS</small>

refer   [> relate]

Ce n'est pas **à** ce cas que Robbe-Grillet **fait allusion**...   (faire...)

Toutes les références **renvoient à** ce volume.   (renvoyer à)

L'éditeur **s'est référé au** dictionnaire de Littré.   (se référer à)

reference   [> allusion]

Cet essai est plein de **références** ironiques, destinées au lecteur cultivé.

L'asterisque sert d'habitude à indiquer un **renvoi**.

reflect   [> meditate]

L'œuvre d'un écrivain **reflète** une expérience personnelle.   (refléter)

Ce romancier **a réfléchi sur** les problèmes de son métier.   (réfléchir sur)

reflection (thought)

Toute **réflexion** faite, il paraît que...

« La **réflexion** est la puissance de se replier sur ses idées, de les examiner, de les modifier. »   —V<small>AUVENARGUES</small>

L'action sert de prétexte à des **méditations** (f.) sur l'homme en face de son destin.

refrain

Le **refrain** est le retour d'un même groupe de vers dans le cours d'une poésie.

Le poème se compose de quatre strophes suivies d'un même **refrain**.

Le maniement du **refrain** est original.

refuse

(v.) Il ne **refuse** que ce qui n'est pas clair.   (refuser)

Les vrais savants **se refusent à** faire de la science une religion.

regular

Les débuts marquent une préférence pour la forme **régulière**.

rehearsal

La **répétition** est une séance de travail dans les études d'une pièce et la mise au point de sa réalisation scénique.

reign

(v.) « La violence et le brigandage **régnaient** partout dans la ville. »   —Bossuet (régner)

reinforce

Ce dernier épisode vient **renforcer** et confirmer la révélation initiale.

reject

Le poète **repousse** l'idée d'un monde préexistant.   (repousser)

rejection

Il a souffert à cause de son **refus** de tout engagement politique.

relate   [> tell, connect, refer]

Il n'est pas facile de **relier** cette poésie à un courant littéraire.

Ces dérisions du langage **s'apparentent à** la tradition molièresque. (s'apparenter à)

Verlaine **allie** la mélancolie du souvenir **à** celle de l'automne.   (allier à)

Il serait tentant d'essayer de **mettre** chaque symbole **en relation avec**...

relationship

Ce **rapport** immédiat de l'homme et de la chose...

Il a fort bien montré sa **parenté** avec Wordsworth.

On constate l'étroite **correspondance** entre les sentiments, les images et les thèmes musicaux.

Pour chaque livre, c'est toujours ce même problème de structure: trouver la **relation** du roman à son auteur.

L'histoire littéraire permet d'établir bien des **continuités** (f.) entre ces deux siècles.

religious

Les aspirations **religieuses** de Chateaubriand sont allées dans trois directions successives en apparence.

remake

Claudel **refait** l'histoire pour lui donner un style et un sens.   (refaire)

remark

(n.) De telles **remarques** restent très superficielles.

(v.) Il **déclara** que ce mouvement littéraire manquait de grands talents.   (déclarer)

L'auteur n'hésite pas à **faire des observations** là-dessus.   (faire...)

remember

Peut-être **se souvient-il de** quelques vers de Virgile.   (se souvenir de)

Il **se rappelle** les bonheurs de sa jeunesse.   (se rappeler)

remembrance

« J'ai des **souvenirs** de deux sortes, ceux de ma vie réelle et ceux de mes vies imaginaires. » —DUHAMEL

remind   [> recall]

Le procédé du dialogue effacé **fait songer à** Laforgue.   (faire...)

Cela **nous remet en mémoire** que...   (remettre...)

Renaissance

Il fallait qu'un événement régénérateur se produisît: ce fut la **Renaissance**.

renovating

« La doctrine littéraire révolutionnaire ou plutôt **rénovatrice**. » —BAUDELAIRE

repartee

« Elle était vive comme une petite pie, avait la **repartie** prompte. » —JAMMES

Le duel s'engage alors, tout en finesse et en passes habiles.

repeat

« On dit que je **me répète**, eh bien! je me répéterai jusqu'à ce qu'on se corrige. » —VOLTAIRE (se répéter)

Le long ouvrage en arrive très vite à **se copier** lui-même.

repetition

La **répétition** d'un mot n'est pas toujours signe d'indigence verbale.

(useless) Les **redites** ont été éliminées, et remplacées par des renvois.

replete [> filled]

Les vers sont **farcis** de clichés.

Tout le roman **fourmille** d'allusions littéraires. (fourmiller)

represent

« Les jeunes gens et les femmes aiment les romans qui **représentent** l'amour malheureux. » —GRIMM (représenter)

Le personnage qui **figure** Dieu se retire quand il a fini de parler. (figurer)

representative

(n.) Ehrenbourg a été salué comme un des plus grands **représentants** de la littérature engagée de notre temps.

(a.) Ces trois conteurs sont indiscutablement parmi les plus **représentatifs** du genre.

reprinting

Ce roman a connu cinq **réimpressions** (f.) en moins de dix ans.

reproach

(n.) Le **reproche** est cruel, et pourtant justifié.

(v.) Valéry **reprochait à** Pascal son peu d'originalité. (reprocher à)

Je ne vois dans ces idées rien à **blâmer**.

L'histoire moderne n'a rien trouvé à **reprendre à** sa méthode.

reputation

La **réputation** de cet auteur est en plein ascendant.

Cette **réputation** n'est pas totalement injustifiée.

require

L'art dramatique **exige** d'un poète la plus grande force d'expression. (exiger)

reread

« Je veux, quand on m'a lu, qu'on puisse me **relire**. »   —Musset

« Je n'ai jamais le courage de **relire** mes lettres, je ne me reprends que pour faire plus mal. »   —Mme de Sévigné

rereading

La **relecture** des textes groupés dans *Situations, IV* prend un intérêt d'actualité.

research

(n.) Une **recherche** plus systématique apporterait sans doute des éléments intéressants.

Il a consacré dix années de **recherches** à cette thèse.

researcher

Le **chercheur** y trouvera une documentation de grande valeur.

research paper

En France, la **dissertation** est une composition scolaire sur un sujet de littérature ou de philosophie.

resemblance   [> similarity]

Les **ressemblances** fondamentales entre les deux ouvrages semblent dépasser les bornes possibles de la simple coïncidence.

A cela se borne la **ressemblance**.

On ne saurait trop insister sur les **affinités** (f.) des deux romanciers à cet égard.

resemble

C'est un théâtre qui ne **ressemble à** aucun autre.   (ressembler à)

Ce passage **ressemble** beaucoup **au** début de sa première nouvelle.

resentment

Il cache mal, sous son indifférence, une sorte de **rancune** (f.).

reservation

Sur ce dernier point nous nous permettrons quelques **réserves** (f.).

resist

Il **a résisté aux** attaques de son adversaire.   (résister à)

resolve

La pièce se repose sur des ambiguïtés qu'on ne saurait **résoudre** sans la trahir.

resonance

On a beaucoup admiré la **sonorité** de ses vers.

resort to

L'écrivain doit **recourir à** une description de type réaliste.

Quels que soient les moyens et les techniques **auxquels** ils **ont recours**... (avoir recours à)

resourceful

Le personnage principal est un homme **de ressource**.

respect

(n.) « Je vous rends le **respect** que je dois à mon roi. »   —Racine

(v.) Il **respecte** trop son art pour y mêler des allusions à l'actualité.   (respecter)

(in this) respect

La cinquième strophe est **à cet égard** particulièrement intéressante.

Restoration

Par la **Restauration** de la monarchie absolue et de la religion catholique, l'esprit écarte les questions irritantes et dangereuses.

restore

Essayons donc de **restituer** le texte primitif.

Son originalité est en somme d'avoir **restitué** l'humour dans le roman.

Il **restaura** l'alexandrin, il en fit un vers rythmé et musical.   (restaurer)

Par l'étude du métier et de la technique, il **réintègre** dans la critique ce que Taine en éliminait trop: l'originalité de l'individu.   (réintégrer)

result from

Le charme du roman **tient à** quelques bons dialogues.   (tenir à)

results

On entrevoit les **résultats** (m.) de la méthode bergsonienne.

resume

Le romancier **reprend** son récit au point même où il l'a laissé.   (reprendre)

résumé

Voici le **résumé** de sa philosophie.

retort

(n.) « Il n'y a pas de **réplique** (f.) à cela. »   —Molière

(v.) « Hors d'ici tout à l'heure, et qu'on ne **réplique** pas. »   —Molière (répliquer)

On lui **a riposté** une impertinence.   (riposter)

retrace

Il **retrace** rapidement son évolution politique au cours des siècles.   (retracer)

return to

Il faudrait **se reporter au** texte du poème.

Espérons que l'auteur **reviendra sur** ces questions dans un ouvrage ultérieur. (revenir sur)

L'auteur **remonte** ainsi **aux** sources du roman.   (remonter à)

Il **retourna à** ses livres avec soulagement.   (retourner à)

reveal   [> point out]

Ce jugement **met en évidence** une attitude essentielle.   (mettre...)

Les images ne **dévoilent** leur contenu que par une analyse de leur propre constitution. (dévoiler)

Le meilleur de son œuvre **témoigne de** son adhésion à ce principe. (témoigner de)

Boccace nous **révèle** la spécialité de chaque dieu.   (révéler)

Ce passage **fait ressortir** une différence importante dans le rôle du regard chez les deux romanciers.   (faire...)

« Dieu nous **découvre** sa volonté par les événements. »   —Pascal (découvrir)

revealing

La juxtaposition de ces deux mots est **révélatrice**.

revenge

C'est ainsi qu'il attendait patiemment l'heure de sa **revanche**.

reversal

Le dramaturge amène un peu trop facilement ce **renversement** de la situation.

review

L'auteur introduit son sujet par un **rappel** des différents aspects de...

Il existe des **revues** littéraires très spécialisées.

review article

Dans son **compte-rendu** sur le *Balzac* de Maurois...

reviews

Il avait reçu une **presse** exceptionnelle.

revise [> rework]

Autre règle: ne pas **retoucher**. Tout mot formé de sa forte et large écriture devait rester.

Il **retouchait** sans cesse l'expression, afin de la rendre plus concise et plus claire.

Le texte en **a été remanié**. (remanier)

revision

Après quelques **remaniements** (m.) de texte...

La **refonte** souhaitée a été effectuée.

A force de **refontes** laborieuses, Pascal a patiemment amené son ouvrage à être l'expression pure et parfaite de sa pensée.

revival

Une **reprise** est la remise d'une pièce à la scène.

revive

Les romantiques allemands se sont efforcés de libérer la littérature allemande de l'influence française et de **raviver** les traditions chevaleresques du Moyen Age.

La pièce **fut reprise** 30 fois. (reprendre)

revolution

Ce poète a opéré une véritable **révolution** dans la poésie de son époque.

rework [> revise]

« Je ferai jouer *Mahomet* que j'**ai retaillé**, **recoupé**, **relimé**, **rebrodé**. » —Voltaire (retailler, recouper, relimer, rebroder)

rewrite

Certains écrivains **récrivent** toujours le même livre. (récrire)

Valéry **récrivit** diverses méditations pascaliennes dans son mode à lui.

Froissart **refera** jusqu'à trois fois son premier livre pour corriger, compléter. (refaire)

rhetoric

A l'origine, la **rhétorique** est un art de parler en public, à la barre puis à la tribune.

Il possède en somme le bagage que **Rhétorique** demandait aux poètes du xvᵉ siècle.

« Guerre à la **rhétorique**, et paix à la syntaxe ! »   —Hugo

rhetorical question

La **communication** est une figure par laquelle on feint de consulter un adversaire en lui posant une question à laquelle on n'attend pas de réponse: « Dois-je pousser plus loin cette argumentation ? »

rhyme

(n.) C'est la **rime** en particulier qui confère au poème sa tonalité.

« Que la **rime** soit toujours résonante, et d'un son entier et parfait. » —Ronsard

« La **rime** est une esclave et ne doit qu'obéir. »   —Boileau

C'est la **rime** qui révèle le versificateur de métier et trahit le poète d'occasion.

Les classiques subordonnaient absolument la **rime** au sens, les romantiques et surtout les parnassiens obéissent trop visiblement aux suggestions de la **rime**.

Il s'amuse à composer des poèmes autour de **rimes** extraordinaires.

La **rime** n'a jamais gêné les véritables poètes.

(v.) « Il se tue à **rimer**: que n'écrit-il en prose ? »   —Boileau

Il fait **rimer** les mêmes mots.

(classical) Rime raisonnable, conforme à la nature de l'idée: telle est la rime classique.

(feminine) Les rimes féminines se terminent par une syllabe muette (bell**e**, ennemi**e**).

(internal) Rimes internes, assonances, ponctuent cette transfiguration verbale.

(masculine)   Les rimes masculines se terminent par une syllabe tonique (en**fant**, **fleur**, ai**mer**).

(rich)   Les rimes riches reposent sur l'identité de trois éléments (éter**nel**, solon**nel**).

« La rime n'est pas riche, et le style en est vieux. »   —Molière

« La rime trop riche est barbare, une caricature de l'art. » —Brunetière

(schemes)   Chaque strophe comporte une rime plate (AA) féminine, suivie d'une rime embrassée (BCCB) dont la première est masculine. Il n'y a pas de rimes croisées (ABAB).

(sufficient)   Les rimes suffisantes reposent sur l'identité de deux éléments é**té**, bon**té**).

(weak)   Dans les rimes pauvres (faibles), la voyelle seule est semblable (sold**at**, comb**at**).

rhyming words

La fonction syntactique des **mots rimant**...

rhythm

Le **rythme** est le retour à intervalles réguliers des temps forts et des temps faibles dans un vers.

Le **rythme** est dans le temps ce que la symétrie est dans l'espace.

Le **rythme** est un autre élément essentiel dans la musicalité d'un poème.

Du Bellay fut un excellent ouvrier en **rythmes.**

Le **rythme** naît de la typographie.

D'après Claudel, il existe des **rythmes** naturels du langage, celui des mouvements du cœur, celui de la respiration, et il est naturel que la coupe du vers, au lieu de se faire suivant les lois rigides de la prosodie, tienne compte du souffle.

Par « **rythme** » on entend aussi le degré de rapidité, le temps lent, rapide d'un texte.

rhythmic

Le vers **rythmique** est fondé sur l'alternance des temps forts et des temps faibles.

rhythmics

La **rythmique** est l'ensemble des règles relatives au rythme.

riches

> Le prix apportait la **richesse**, dont il n'avait nul désir.

richness

> Et puis, il y a le style, plein d'audace, de **richesse** (f.) et d'un obscur pouvoir.

> Sa **fertilité** compte pour nous bien davantage que sa perfection.

rid oneself of

> Mais il n'a jamais pu **se défaire d'**un scepticisme fondamental sur la valeur des efforts humains.

ridicule

> (n.) « Le **ridicule** déshonore plus que le déshonneur. »   —LA ROCHEFOUCAULD

> (v.) Il **ridiculise** la société de la capitale.   (ridiculiser)

> Il **tourne en dérision** les méthodes en usage au Moyen Age.   (tourner...)

ridiculous

> « On n'imagine pas combien il faut d'esprit pour n'être jamais **ridicule**. » —CHAMFORT

rightly

> Le nom de cet auteur y figure **à juste titre**.

> L'harmonie du vers racinien est **justement** célèbre.

risk

> (v.) « Qui ne **risque** rien n'a rien. »   —PROVERBE   (risquer)

> Nous **courons le risque** de commettre un grave anachronisme.   (courir...)

> Il n'aimait pas à **braver** inutilement les périls.

rival   [> adversary]

> (n.) Il l'a vite emporté sur ses **rivaux**.

> (v.) « Ce geste qui **rivalise avec** la parole. »   —BERGSON   (rivaliser avec)

role

> Le **rôle** comprend ce que doit dire et faire un acteur représentant un personnage.

> Le **rôle** capital de Baudelaire et de Rimbaud c'est d'avoir fait passer à l'art moderne les frontières de l'esprit.

M. Montéro tient le **rôle** d'un médecin.

L'art y joue un **rôle** inévitable.

Romanesque

Le **romanesque** n'est pas dans le réel, mais dans l'écart entre le monde réel et celui de l'imagination.

romantic

De 1820 à 1850 environ, c'est la période **romantique**.

Chaque écrivain, complètement affranchi des règles traditionnelles, s'attache seulement à exprimer, dans la forme qui lui convient, son tempérament propre.

Romantique, il l'est par l'accent personnel de son lyrisme.

Flaubert clôt l'âge **romantique** et remet la littérature sous la direction de la réflexion critique.

Toutes les techniques qui ont fait la véritable grandeur de la poésie **romantique** y éclatent avec une vigueur...

D'après les **romantiques** allemands, toute poésie est rêve et voyage dans un mystérieux pays.

« Un **romantique** qui a appris son art devient un classique. » —VALÉRY

« Le classique se connaît à sa sincérité, le **romantique** à son insincérité laborieuse. » —PÉGUY

Romanticism

Les caractères généraux du **romantisme** sont: primat de l'émotion sur l'idée claire; libre expression de la sensibilité; prépondérance de l'imagination sur l'analyse critique et sur l'action; goût du mystère et du fantastique; évasion dans le rêve, dans l'exotisme ou le passé; individualisme opposé aux disciplines classiques; et culte du « moi ».

Les *Confessions* de Rousseau inaugurent véritablement la littérature personnelle, c'est-à-dire le **romantisme**, qui est essentiellement l'étalage du moi.

Déjà les thèmes lyriques du **romantisme** sont constitués : aspirations et lamentations infinies, goût de la tristesse et de la mort.

Il avait hérité du **romantisme** la haine du bourgeois, la soif de l'étrange, de l'énorme, de l'exotique.

Emotion personnelle, mélancolie—l'essentiel du **romantisme** tient déjà dans ce court recueil.

« Qui dit **romantisme** dit art moderne—c'est-à-dire intimité, spiritualité, couleur, aspiration vers l'infini, exprimées par tous les moyens que contiennent les arts. » —Baudelaire

Le **romantisme** est accusé par beaucoup d'être un art trop sensible, trop affectif, un art des nerfs et de la faiblesse.

Le **romantisme** est essentiellement une littérature lyrique, c'est-à-dire une littérature où la personnalité de chaque écrivain s'exprime librement.

« La grande habilité du **romantisme** qui est aussi son crime et son abjection, a été de solliciter les régions mineures de l'humanité, de flatter les faibles dans leurs faiblesses. » —Aymé

« La liberté dans l'art. » —Hugo

rondeau

Le **rondeau** simple est un petit poème de treize vers.

rough draft   [> sketch]

Le **brouillon** comprend ce qu'on écrit de premier jet sur une feuille de papier.

Une **ébauche** est une œuvre qui n'est que commencée, mais dont les parties principales sont indiquées.

rule

(n.) Ses romans ne sont pas bâtis selon les **règles** traditionnelles.

run-on line

Les deux derniers vers n'en forment, grâce à l'**enjambement** (m.), qu'un seul.

S

sadness

L'auteur nous fait sentir la **tristesse** et le comique de l'humaine condition.

Il était frappé d'une grande **tristesse**.

L'atmosphère de **tristesse** est créée par tout un jeu d'assonances et de répétitions.

salon

La marquise de Rambouillet eut donc le premier **salon** qu'on eût vu en France.

En France, le **salon** a longtemps joué un rôle important dans la politique et surtout dans la littérature.

Le **salon** contribue à donner aux œuvres du xviie siècle le caractère de politesse et de sociabilité qui les distingue.

La Révolution ferma les **salons**—ces salons qui depuis deux siècles exerçaient sur la littérature un pouvoir souverain et indiscuté.

sarcasm [> irony]

Cet écrivain emploie souvent le **sarcasme**.

sarcastic

« Voltaire a le rire **sarcastique**. » —Sainte-Beuve

satire

La **satire** est un écrit ou discours dans lequel on tourne quelqu'un ou quelque chose en ridicule.

Sa **satire** s'en prend à tous les aspects d'une vie conventionnelle.

Ce roman constitue une **satire** dans la bonne tradition swiftienne des voyages imaginaires.

Maintenant la **satire** s'élargit et se fait plus mordante.

Gide appelle ce livre une sotie, mot du Moyen Age qui désignait une **satire** allégorique dialoguée.

satirical

Les coups de griffe **satiriques** qu'il donne dans ses œuvres polémiques...

satirist

Voltaire fut un grand **satirique**.

L'avarice est un des thèmes chers aux **satiriques**.

satirize

Les travers qu'il **satirise** dans la société française ne sont certes pas inconnus ici. (satiriser)

satisfactory

Mais cette explication n'est pas **satisfaisante**.

satisfy

Les romanciers ne peuvent pas **contenter** tout le monde tous les ans.

Le « pantagruélisme » consiste à **satisfaire** toutes les exigences de la nature.

savor

(v.–n.) Il s'agit de **goûter** dans toute sa **saveur** le temps retrouvé.

scan (poetry)

> **Scander** c'est prononcer un vers en faisant sentir l'alternance des longues et des brèves.
>
> Le vers français ne se **scande** pas; on compte les syllabes.

scandal

> La pièce provoque le **scandale**...

scandalous

> Le thème n'avait rien de **scandaleux**.

scansion

> La **scansion** est l'action ou façon de scander un vers.

scene

> La première **scène** du troisième acte est bien dialoguée.

scenery   [> decor]

> Le **décor** est somptueux et désolé tout à la fois.
>
> Il a fait des efforts pour régénérer l'art du **décor théâtral**.

scholarly

> Le texte est précédé d'une longue et **savante** introduction.

school

> Le manifeste de la nouvelle **école** est la *Préface de Cromwell* d'Hugo.
>
> Cette **école** nouvelle a produit cette année plusieurs œuvres intéressantes.
>
> Ses poèmes n'appartiennent à aucune **école**.

science fiction

> Le plupart des romans de Jules Verne sont des **romans** (m.) **d'anticipation**.
>
> A partir de là le conte de **science-fiction** (f.) débouche nettement sur la politique.

scientist

> L'importance de l'**homme de science** au xviiie siècle...

scope [> extent]

Les règles de la prosodie latine ne sont pas du **ressort** de cette étude.

L'**ampleur** (f.) de l'entreprise est si vaste qu'un seul homme n'aurait pu suffire à la mener à bien.

Ce serait dépasser les **bornes** (f.) du présent article que d'aborder ici une étude d'ensemble consacrée à...

La matière de sa poésie est petite, le **champ** de son talent est étroit.

« Les esprits médiocres condamnent ce qui passe leur **portée** (f.). » —La Rochefoucauld

scorn

(n.) Voilà les choses qui excitent le **mépris** ou l'indignation de Rabelais.

(v.) L'individu qui **méprise** les conventions se trouve seul, face à ses responsabilités.   (mépriser)

screen (movie)

Nous ne le quittons pas des yeux; nous le voyons en bas à gauche de l'**écran** (m.).

screenplay

Mis en scène sur un **scénario** de J.-P. Cauvin, avec l'interprétation de Paul Petit.

Cinq **scénarios** ont été réalisés.

La façon de traiter un sujet importe beaucoup plus que le **scénario**.

screenwriter

Ce **scénariste** est déjà assez connu.

Scriptures

Il puise sa matière dans les **Ecritures** (f.).

second-rate

Ce livre ne tente pas d'expliquer le succès d'auteurs dramatiques **moyens** comme Voltaire, Hugo, Brieux...

secret

(n.) Il connaît tous les **secrets** (m.) de l'art d'écrire.

(a.) Quant à la vie privée de Gide, elle restait très **secrète**.

seek [> attempt]

Nous **cherchons** seulement **à** indiquer ici la nature de son originalité. (chercher à)

Il **s'attache à** établir la vérité des Livres Saints. (s'attacher à)

Il constatait une sorte d'incapacité d'aimer dans la nouvelle jeunesse, et en **recherchait** les causes. (rechercher)

seem [> appear]

Ce dénouement nous **apparaît** impossible. (apparaître)

seize [> grasp]

Il a su **saisir** le moment propice.

selection

Les **sélections** (f.) contiennent des poèmes, un essai, et un court manifeste.

Chacun des **emprunts** est d'un auteur du xxᵉ siècle.

Elle comprend une brève introduction et 24 **morceaux choisis**.

self

Cette investigation obstinée du **moi** marque d'un sceau authentiquement personnel cet écrivain exceptionnel.

Barrès cultive le « **moi** » alors que Pascal le trouve haïssable.

Toute la difficulté d'émerger de **soi-même**, l'auteur l'exprime dans ce premier roman.

« Qu'est-ce qu'un homme qui ne se cherche pas ? » —Valéry

self-confidence

Il a manqué de **confiance** (f.) **en lui-même**.

self-respect

Tout **respect de lui-même** disparaît en même temps.

Il a rendu aux hommes le **respect d'eux-mêmes**.

self-sufficient

Toute œuvre une fois produite doit **se suffire à elle-même**.

semicolon

« Nous vivons dans un monde qui a complètement perdu l'usage du **point-virgule**. » —Anouilh

sensation

Une **sensation** est l'impression reçue par l'intermédiaire des sens.

« Nous sommes dans un temps où rien ne fait une grande **sensation**. »
—VOLTAIRE

(create a s.) Cette pièce fit tout de suite grand bruit.

sense

L'**acceptation** figurée ou l'acceptation propre?

Dans cette phrase, le mot est employé dans l'**acceptation** ordinaire.

Si on analyse le roman dans le **sens** que nous indiquons...

Comprenons cela au **sens** le plus large du mot.

sensibility

Modelés par la **sensibilité** médiévale, les goûts du poète...

Il est évident que le cinéaste de *Marienbad* a touché des **sensibilités** et s'est
révélé poète.

sensitive

Diderot soutient que le grand poète n'a pas le temps d'être **sensible**.

L'Espagne est peu **sensible** à la réalité.

Il avait une âme de poète, essentiellement **sensible** et passionnée.

sensitivity

Ce fut une dame d'une grande **sensibilité**.

Il y fait preuve d'une **sensibilité** unique.

La **sensibilité** extrême de l'auteur se traduit parfois par de touchantes
images.

« La première condition pour écrire, c'est une manière de sentir vive et
forte. » —MME DE STAËL

sensory

Nous y trouvons toute une panoplie d'associations bizarres, d'images
saugrenues, d'effets **sensoriels**.

sentence

La **phrase** est harmonieuse, étudiée; la syntaxe, irréprochable.

La **phrase** est élégante de forme, bien cadencée, bien rythmée, bien équilibrée.

Une **phrase** est viable quand elle répond à toutes les nécessités de la respiration.

Les **phrases** suivent un mouvement rythmé.

La première **phrase** fait allusion à ...

Ses **phrases** sont amples et périodiques.

Les séquences sont des **phrases** crispées par la syncope et l'ellipse.

La prose de Rousseau trouve la musique ou l'harmonie de la **phrase**.

Malherbe voulait des constructions claires, ordonnées, régulières, des mots précis et propres; il tendait à donner à la **phrase** une netteté géométrique.

(fragmentary)	Le monorhème est une phrase à un membre: Volée!
	Avec le dirhème, ou phrase à deux membres, nous atteignons un degré supérieur dans l'explicitation: Finis! les mauvais jours!
(non-symmetrical)	Il rendit le développement de la phrase aussi varié, aussi inégal que possible, de façon à rendre impossible une découpure symétrique.
(oratorical)	Sa phrase est naturellement oratoire, ample, résonnante; il faut la lire ou l'entendre lire à haute voix.

sentiment

« C'est avec les beaux **sentiments** qu'on fait de la mauvaise littérature. » —GIDE

Certains hommes, Voltaire ou Baudelaire, par exemple, sont moins doués de **sentiments** que de sensibilité nerveuse.

sentimental

Elle s'exprime sur un ton **sentimental**.

sentimentality

Le thème si tragique n'est affaibli par aucune **sentimentalité**.

separate

(v.) « Trop de haine **sépare** Andromaque et Pyrrhus. » —RACINE (séparer)

La seule correction qu'il apporte à la phrase finale est l'introduction d'un adjectif qui **éloigne** le sujet du verbe. (éloigner)

sequel

Ce roman est une **séquelle** du premier.

serenity

« Je pense donc que la **sérénité** de l'œuvre ne démontre pas la **sérénité** de l'être. » —VALÉRY

serial

Le **roman feuilleton** paraît par fragments.

series

Dans la **suite** de poèmes intitulée...

Dans le dernier poème de la **série**...

Chaque numéro débutera par une **série** d'articles centrés autour d'un aspect de l'œuvre.

sermon

Le **sermon** est un discours prononcé sur un sujet religieux.

setting

Les **lieux** (m.) de ce livre sont imaginaires.

Le roman se développe dans un **cadre** cosmopolite.

shame

(n.) « Il y a de la **honte** dans toute origine. » —BOURDALOUE

shift

(n.) Par le **passage** du sens propre au sens figuré, le poète évoque...

short story [> story]

Il utilise le **conte** pour répandre ses idées sociales.

short-winded

Cet auteur **a l'haleine courte**. (avoir...)

show

(n.) Rousseau trouve que les **spectacles** (m.) qui conviennent à une république sont ceux qui réunissent tout le peuple dans une joie commune.

(v.) [> reveal]

Ce roman **témoigne d'**une exceptionnelle sensibilité aux conflits profonds qui troublent le monde. (témoigner de)

Cet examen a pour but de **mettre en évidence** la dimension sociale de l'œuvre.

L'auteur **manifeste** un goût très net pour le détail précis. (manifester)

Il **fait preuve d'**une réelle curiosité à l'égard des mythes. (faire...)

showy

C'est une pièce **à grand spectacle.**

sign

(n.) Le prêtre, dans ces œuvres, est moins homme que **signe** (m.) et représentation du divin.

(v.) Mais il n'**a** point **signé** cet article. (signer)

significant

La fin du dernier passage est fort **significative.**

C'est surtout le vocabulaire qui est **révélateur.**

silence

(n.) « Le **silence** éternel de ces espaces infinis m'effraie. » —PASCAL

« Le romancier cède rarement à la tentation du **silence.** » —MAURIAC

similar

La conclusion du récit provoque un sentiment **semblable** de surprise et d'admiration.

« Nos causes sont **pareilles.** » —RACINE

Il avait assisté à des scènes **similaires.**

similarity [> resemblance]

Il y a une **similitude** évidente entre ses propos et son écriture.

simile [> image]

La **comparaison** consiste en une juxtaposition de deux termes comparés dans une intention de clarté ou de poésie.

Cette **comparaison** nous amène dans le domaine de l'irréel.

simplicity

Les sujets sont généralement d'une grande **simplicité.**

simultaneity

La technique de l'écran enseigne au XXe siècle la **simultanéité** et l'ubiquité.

sincere

« Tous les hommes naissent **sincères**, meurent trompeurs. »
—Vauvenargues

« Il faut du temps pour être **sincère**, c'est-à-dire pour savoir exprimer au juste tout ce qu'on pense et tout ce qu'on sent. »   —Joubert

sincerity

« La **sincérité** est une ouverture de cœur qui nous montre tels que nous sommes. » —La Rochefoucauld

singular (grammar)

Il n'y a plus de distinction entre le **singulier** et le pluriel.

situate

Le roman **se situe** dans un milieu où le romancier ne semble guère à son aise.   (se situer)

situation

Les **situations** présentées ont donc une valeur essentiellement symbolique.

skepticism

Le danger de la position de Proust est qu'on aboutisse au **scepticisme** esthétique.

Il semble donc qu'il ait voulu nous incliner à l'universel **scepticisme**.

sketch   [> outline]

(n.) L'œuvre, en son achèvement parfait, a rejoint la pureté de trait de la primitive **esquisse**.

Il a laissé plusieurs **ébauches** (f.) de pièces historiques.

Cette suite de **tableautins** (m.), de notes saisies sur le vif, a quelque chose de saisissant par l'exactitude.

Rien n'a plus de vie et d'intensité que les **croquis** (m.) dont son œuvre abonde.

(v.) L'auteur **esquisse** déjà les thèmes qui se retrouvent dans ses livres plus récents.   (esquisser)

Il **crayonne** son portrait ainsi...   (crayonner)

skill

Avec un **doigté** très fin, il décrit les événements qui touchent à la vie de ces personnages.

L'épisode est écrit avec **un art achevé**.

Il les a peints avec **adresse** (f.).

skit

Une troupe parisienne a joué plusieurs **pièces** (f.) **satiriques** du même auteur.

slapstick

La **bouffonnerie** de Molière ne se perd jamais dans la **bouffonnerie** burlesque.

slice of life [> realism]

L'art « **tranche de vie** », l'art « épaisseur de réalité », n'a jamais été vraiment français.

slight

(a.) A part quelques **légères** modifications...

slipshod

Il a exposé ces idées dans un style bien **lâche**.

so-called

Pour les écrivains **dits** secondaires...

social

Cette pièce est son premier acte dans le domaine politique et **social**.

society

L'écrivain confirme la distance entre lui-même et la **société**.

soiree

Il est toujours permis de s'imaginer que les deux poètes ont assisté ensemble aux fameuses **soirées** de Stéphane Mallarmé dans la rue de Rome.

sold out

L'édition **a été épuisée** avant la fin de l'année. (épuiser)

soliloquy [> monologue]

Lisez donc les *Soliloques* (m.) de saint Augustin.

solitude

« La **solitude** est la source des inspirations. » —Vigny

On comprend maintenant que l'œuvre d'Artaud, fruit de son intolérable **solitude**, s'adresse à tous.

solution

Il n'y a pas de **solution** finale.

somber

« Et fait des jours sereins de mes jours les plus **sombres**. » —RACINE

somewhat

Son choix des textes est **quelque peu** arbitraire.

Ces mémoires précoces—et **quelque peu** prolixes—invitent une telle comparaison.

sonnet   [> poem]

Pétrarque est un grand poète italien du XIVᵉ siècle, inventeur du **sonnet**.

Le **sonnet** est une pièce de poésie composée de quatorze vers distribués en deux quatrains et deux tercets.

Ce fut Du Bellay qui introduisit le **sonnet** en France.

« Un **sonnet** sans défaut vaut seul un long poème. » —BOILEAU

sonneteer

En revanche, Musset fut un parfait **sonnettiste**; de même Sainte-Beuve.

sorrow

(n.) Sa vie avait plus de **peines** (f.) que de joies.

« Cent livres de **chagrin** (m.) ne payent pas un sou de dettes. » —PROVERBE

« Pour un plaisir, mille **douleurs** (f.). » —PROVERBE

« J'ai les **tristesses** (f.) d'un philosophe. » —G. SAND

soul

Tout un courant de la pensée moderne voit dans l'imagination une activité qui se détourne de la vie concrète pour sonder les profondeurs plus mystérieuses de l'**âme** humaine.

« Comme la vérité est l'**âme** de l'histoire, le vraisemblable est l'âme de la poésie. » —DU BOS

sound

(n.) « Fuyez des mauvais **sons** le concours odieux. » —BOILEAU

sound film

Le premier **film sonore** ou **parlant** a été présenté en 1927.

source [> inspiration]

Si la poésie est un regard en profondeur jeté sur l'homme, la souffrance est incontestablement une des **sources** les plus poétiques.

Essayons de remonter aux **sources** dont l'auteur est censé avoir disposé.

Quelle **source** d'inspiration a été plus féconde que l'être aimé, la femme?

Ses idées critiques et les **sources** d'où elles procèdent...

Il a pris ses renseignements aux meilleures **sources.**

La **source** immédiate d'une de ses œuvres...

Il y puise son inspiration.

Il s'inspire des mêmes sujets que Malherbe.

Cette idée a engendré le sujet de la pièce.

Il a révélé ainsi la genèse de certains de ses ouvrages.

« Les grands artistes... ont toujours pris leur point d'appui, leur modèle, leur référence, dans le passé. » —Vaudoyer

Le point de départ est la sensation provoquée par un objet.

Toute cette idée vient en droite ligne de Molière.

Il emprunte beaucoup à ses prédécesseurs.

Sa philosophie sert de fond à maint poème d'Apollinaire.

Il a trouvé l'idée de son roman dans la lecture de...

Ce poème est l'évocation directe de l'enfance du poète.

Il doit également beaucoup au roman naturaliste.

La femme qui inspira au poète ses vers si beaux...

« Rien ne vient sans racine; la seconde époque est toujours en germe dans la première. » —Hugo

southern

Son œuvre presque entière évoque et respire ce climat des terres **méridionales.**

space

(n.) Le manque d'**espace** (m.) nous force à passer sous silence nombre d'articles plus ou moins spécialisés.

span

(v.) La Renaissance **embrasse** la totalité du XVIe siècle.   (embrasser)

specialize

Il **s'est spécialisé dans** le roman réaliste.   (se spécialiser dans)

specific

« Le remède **spécifique** de la vanité est le rire. »   —Bergson

(be) specific

Il faudrait **préciser** davantage.

spectacle

Le décor, les costumes, la musique, donnent au **spectacle** ce quelque chose de « fini » qui manquait.

Mallarmé déclare que la Messe, représentation théâtrale d'un drame cosmique, est le **spectacle** par excellence.

spectator

« Jamais au **spectateur** n'offrez rien d'incroyable. »   —Boileau

spelling

L'éditeur a respecté la diversité fantaisiste de l'**orthographe** originale.

(in) spite (of)   [> despite]

En dépit de conscients efforts de la part de l'auteur...

spokesman

Le meneur de la contre-intrigue est le **porte-parole** de l'auteur.

spondee

Le **spondée** est un pied composé de deux syllabes longues (ˊˊ).

spontaneity

Sa prose manque de naturel et de **spontanéité** (f.).

« Il faut un peu, entre bons amis, laisser trotter les plumes comme elles sentent; la mienne a toujours la bride sur le cou. »   —Mme de Sévigné

spontaneous

Le dialogue n'a rien de **spontané**.

spread

(v.) La renommée des poèmes celtiques **se diffusa** lentement dans les provinces anglo-normandes. (se diffuser)

C'est à Paris que la renommée de ses vers commença à **se répandre**.

Leur composition est **échelonnée** sur vingt-six ans. (échelonner)

stand out

Ce livre **se distingue** par une franchise, une lucidité dans l'analyse. (se distinguer)

C'est un fait qui **saute aux yeux**, cette maladresse touchante. (sauter...)

stage

(n.) Ici se termine une **étape** importante de la vie et de l'œuvre.

La **scène** représente un château abandonné.

(v.) Il **a mis en scène** des événements historiques. (mettre...)

staging

La **mise en scène** était trop comique.

stanza [> verse]

Il utilise la **strophe** comme cadre normal de l'idée.

La **stance** est un groupe de vers offrant un sens complet et suivi d'un repos.

(types) Le distique est composé de deux vers. Ensuite, il y a le tercet, le quatrain, le quintil, le sizain, le septain, le huitain, le neuvain, le dizain, le onzain, et le douzain.

star (actor)

(n.) Dans son théâtre idéal l'exhibitionnisme de la **vedette** est banni.

(v.) Ces trois personnages **tiennent** ici **le devant de la scène**. (tenir...)

start [> begin]

(v.) Le T. N. P. va **inaugurer** son nouveau programme.

state

(n.) La littérature est en **état** d'insurrection.

(v.) « Elle se fit longtemps prier, **déclarant** qu'elle ne voulait pas. » —MAUPASSANT (déclarer)

« Enfin, comme il insistait, elle **énonça** ses prétentions. » —MAUPASSANT (énoncer)

state of mind

Ces quelques lignes traduisent son **état** (m.) **d'esprit**.

Le fantastique, chez Green, est avant tout **état d'âme**.

stem from [> source]

Les rapports entre les divers personnages **ont leurs racines dans** le passé. (avoir...)

stifle

Ces critiques **furent étouffées** par l'admiration frénétique que le livre souleva. (étouffer)

stimulating

Bien documenté, vigoreux et **tonique**, cet ouvrage est...

stir [> move]

(n.) Cette philosophie a fait beaucoup de **bruit** (m.); elle a exercé une influence sur...

Stoic

(n.) Les **stoïciens** découvraient un sens physique aux grands mythes religieux.

(a.) Parmi les nombreux poètes d'inspiration **stoïcienne**...

Stoicism

Le **stoïcisme** prit naissance dans les dernières années du IVe siècle av. J.-C.

story [> narration]

« Qu'est-ce qu'un **conte**? C'est un roman auquel personne ne croit, ni auteur, ni lecteur... Un conte nous intéresse ou par le mérite de la narration, ou par la drôlerie du sujet, ou par l'esprit, ou par les allusions, ou par la profondeur de la pensée; mais voilà tout, si nous nous mettions vraiment à la place de Candide ou de Mlle Cunégonde, ce ne serait plus un conte. » —P. MORILLOT

Conte: récit court d'aventures imaginaires.

Le **conte** intitulé... fait une critique de...

Il a porté à la perfection la forme du **conte** philosophique.

C'est un **conte** fantastique, réaliste, satirique...

Le **conte** n'est pas la nouvelle, mais il peut tendre à la nouvelle.

Nouvelle: récit d'un caractère plus réaliste qu'un conte.

La **nouvelle** n'est ni une fable symbolique ni un récit de rêve. Elle est le récit d'une aventure présentée comme arrivée. Comme le roman, elle est généralement enracinée dans un temps et dans un lieu.

Il nous offre sept **nouvelles**, mais ciselées, précieuses, ambiguës.

C'est un récit de facture très classique, une longue **nouvelle** à la Maupassant.

On trouve dans l'œuvre de Sartre (*Le Mur*), de Camus (*L'Exil et le royaume*) et de M. Aymé (*Le Passe-Muraille*) la preuve que la **nouvelle** garde en France son prestige.

Il n'y a dans ce récit aucune **histoire**, au sens rituel du mot.

Son style sobre convient parfaitement à cette **histoire** humaine.

story writer

L'influence des **nouvellistes** russes (Gogol, Tchékhov) et américains (Hemingway) enrichit l'art de la nouvelle, que la vogue du roman n'a pas éclipsée.

(born) Arland est un conteur-né.

strange

Ce roman original, à la fois **étrange** et familier,...

Il raconta une aventure **singulière**.

stream of consciousness   [> monologue : interior]

Le **monologue intérieur** est une invention du symboliste français Edouard Dujardin dans *Les Lauriers sont coupés*, 1888, reprise par James Joyce dans son *Ulysses*.

Selon certains psychologues, le **monologue intérieur** est un langage que le sujet se tient constamment, et souvent à son insu, et qui constitue le courant de conscience.

Il adopte la convention du **monologue intérieur** cohérent par des suggestions de discontinuité.

Il se sert de la technique du **monologue intérieur**.

La romancière, rejetant l'essentiel de la ponctuation et tout paragraphe, veut nous rendre au mieux le flux mental qui secoue sa narratrice.

Il passe sur Joyce mais nous apprend que le procédé de la « **parlerie** » est déjà chez la romancière Ivy Compton-Burnett.

strength   [> power]

Il ignore lui-même sa **force**.

stress [> underline]

(v.) Cette critique **met l'accent sur** la faiblesse du contenu de l'œuvre. (mettre...)

Balzac **insiste** longuement **sur** l'idée que... (insister sur)

La dernière phrase est à **souligner**. (souligner)

Il **soulignait** la parenté du poète avec Hugo.

Il a **mis en valeur** la personnalité de... (mettre...)

Ils ont tenu à **mettre en évidence** beaucoup plus le romancier que le polémiste.

strike out [> erase]

On s'étonne de noter que presque tous les adjectifs **ont été biffés**. (biffer)

striking

Wilde exprime la même idée d'une façon plus **frappante**.

Le contraste est **saisissant** entre le XVIIe siècle et le XVIIIe.

strive [> seek]

Le critique **s'attache à** montrer la complexité des rapports. (s'attacher à)

stroke

(n.) Montaigne a peint l'amitié en **traits** vifs et touchants.

struck

On est **frappé** par la ressemblance des idées exprimées.

structure

(n.) Analysant les **structures** profondes, psychologiques, littéraires et sociales...

La **structure** en est dramatique et ironique.

struggle [> conflict]

(n.) Ces noms évoquent une **lutte** barbare.

study

(n.) Il a écrit une **étude** lumineuse sur Balzac.

Il a fait une **étude** précise et détaillée de certains faits historiques.

On attend depuis longtemps déjà une **étude** vraiment approfondie de...

(comprehensive) Si l'on examine bien cette admirable **étude** d'ensemble...

style   [> tone]

« Le **style** est l'homme même. »   —BUFFON

Le **style** est l'ensemble des procédés par lesquels un écrivain s'approprie, pour s'exprimer, les ressources d'une langue.

Montaigne appelle son **style** « comique et privé, serré, désordonné, coupé, particulier; sec, rond et cru, âpre et dédaigneux, non facile et poli. »

« Le **style** n'est que l'ordre et le mouvement que l'on met dans ses pensées. » —BUFFON

Le **style** est la marque personnelle du talent.

L'auteur saute constamment d'un niveau à l'autre du vocabulaire, du **style** bas au style élevé.

Un **style** nu, viril, qui évite les belles images...

Le **style** est sobre, précis, contrôlé, objectif, dru, savoureux, poétique, évocateur... clair, sec, romantique.

(artistic)	Il évolue vers un art conscient et contrôlé.
(artless)	Ce style n'a rien de pittoresque et ne vise pas aux effets artistiques.
(Biblical)	Dans un style biblique parfois trop systématiquement poétique, mais souvent simple et beau, l'auteur nous raconte...
(careless)	Le ton désinvolte, la construction volontairement lâche, le style négligé et trop souvent vulgaire...
(classical)	Il a progressivement dépouillé son style et écrit d'une façon sobre, exacte, strictement classique.
(clear)	Grâce à l'ordonnance de la pensée et à la limpidité du style...
(compact)	C'est un style très dense, dans lequel chaque mot contribue au tout.
(*vs.* content)	Prédominance de la manière sur la matière?
(conversational)	Il écrit comme il parle, facilement, gaiement, sans fatigue, sans relâche.
	Le style de Beaumarchais est la perfection de l'esprit de conversation: ingénieux, brillant, rapide.
(direct)	Son style est concis, direct, sans descriptions détaillées.
(disconnected)	Le style est haché, exclamatoire, dépourvu d'élégance.

(effective)	Il use indifféremment des mots triviaux ou raffinés, des tours corrects ou incorrects, pourvu qu'ils soient énergiques et peignent bien.
(elegant)	L'élégance et la facilité, voilà les caractères de son style.
(elevated)	Le style élevé exprime, en termes choisis, de hautes pensées.
(epistolary)	Son style épistolaire est empreint de familiarité.
(evocative)	Le style se manifeste en petites phrases dont chacune évoque autant qu'elle s'exprime.
(fast-moving)	Le récit est rapide, on le sent écrit d'un trait.
(flowery)	« Le style fleuri ne doit pas être confondu avec le style doux. » —VOLTAIRE
(harsh)	Le style en était sévère, la pensée haute et sans flatterie.
	Il y a du rocailleux dans le style de Cocteau.
(impertinent)	La marque propre de ce style est sans doute l'impertinence.
(impressionist)	La marque propre des Goncourt, leur influence la plus profonde, ç'a été la création du style impressionniste encore appelé « écriture artiste ».
(journalistic)	Le style journalistique a exercé une grande influence sur...
(learnèd)	L'ironie et l'humour marquent un style érudit et parfois désinvolte.
(lively)	Il est connu par la vivacité de son style.
	Les deux caractéristiques de son style, un des plus vivants qui soient, sont la logique et la passion.
(lyrical)	Gide est nourri du lyrisme biblique auquel il doit ses rythmes et sa poésie.
(mature)	Le style étonna par une maturité de maître.
(mediocre)	La médiocrité de son style où poncifs et clichés abondent...
(military)	Son style est un modèle de style militaire: simple, nu, vigoureux, sans périphrases, sans redondances.
(mixed)	Son style est très mêlé: souvent verbeux, mais toujours animé, il est parfois admirable de couleur, de mouvement et de force.
(narrative)	Le style narratif est constitutif du genre romanesque.
(natural)	« Quand on voit le style naturel, on est tout étonné et ravi, car on s'attendait de voir un auteur, et on trouve un homme. » —PASCAL

Il s'abstient de l'artifice, des inversions, des expressions recherchées, y préférant ce qui est simple et naturel.

« Ne quittez jamais le naturel, cela compose un style parfait. » —Mme de Sévigné

(original)   Le style n'est certes pas l'élément le moins original de ce livre.

(outdated)   Ce film est d'un style attendrissant et suranné.

(personal)   « A l'œuvre on connaît l'ouvrier. »   —Proverbe

Il écrit une prose qui n'est qu'à lui.

Ses mots frappés par un sceau personnel...

(poetic)   Tout importe dans le style poétique, et jusqu'au moindre détail.

(polished)   Il a bien châtié son style.

(relaxed)   Le style de l'écrivain est aisé.

(restless)   Il note ses observations en un style fougueux, tourmenté, plein de brusques éclairs, qui rend puissamment le fourmillement de la vie.

(restrained)   Le style est élégant et plein de retenue.

(sensual)   Un style qui chemine à loisir, poussant devant lui un réseau de phrases gluantes où se collent une infinité de sensations.

(sentimental)   Il existe une union étroite entre le style et les sentiments.

(simple)   Son style est remarquable par son élégante simplicité.

(sober)   Dans un récit d'un style sobre et d'une très belle simplicité...

(spare)   Le style en est maigre, musclé, débarrassé de toute préciosité ou maniérisme.

(spoken)   Cette écriture parlée, parfois criée...

(sureness)   Ces pages sont remarquables pour la sûreté du style.

Ce livre, écrit d'une plume alerte et sûre...

(sweeping)   L'envergure du style est égale à celle de l'imagination.

(taut)   Devant ce style tendu à l'extrême...

(theatrical)   Le style de Molière est avant tout un style de théâtre, énergique, copieux et toujours si exactement approprié au personnage qui parle que la personnalité de l'auteur semble avoir complètement disparu.

(tight)   « Le vrai écrivain est celui qui écrit mince, musclé. Le reste est graisse ou maigreur. »   —Cocteau

(ungainly)	Toujours clair, toujours vif, toujours fort, il a des constructions troubles, incorrectes, incohérentes, étirées ou estropiées.
(unnatural)	« Ce style figuré... n'est que jeu de mots,... ce n'est point ainsi que parle la nature. » —MOLIÈRE
	Le style recherché manque de naturel.
(vigorous)	Le style de l'ouvrage est nerveux et procède souvent par interrogations.
(vivid)	Un style semé d'images...
(wandering)	Chez Proust, tout semblait arabesque, méandres sinueux.

stylist

« Se défier des **stylistes**! Pour tromper sur l'originalité de leur pensée, pour habiller en neuf des idées qu'on a souvent rencontrées ailleurs, ils n'ont pas leurs pareils. » —R. MARTIN DU GARD

stylistic

Du point de vue littéraire et **stylistique** son analyse est excellente.

stylistic devices

Ses **maniérismes** favoris sont la parenthèse inattendue, l'adjectif multiple, et la citation encastrée dans le texte.

Les **figures** (f.) **de style** les plus propres à exprimer ces confusions sont les antithèses, les métaphores et les divers procédés de l'énumération et de l'hyperbole.

stylistics

La **stylistique** s'applique à l'étude particulière du style de chaque écrivain, révélatrice de sa personnalité, de son art et de son évolution.

(critic of) Quel que soit le point de vue auquel se place le **stylisticien**...

subject   [> theme]

(n.) Le **sujet** est excellent, moral, profond, vrai, navrant.

Il a choisi un **sujet** difficile et l'a traité sans crainte.

Le **sujet** a été tiré de la vie des bohémiens.

Ce **sujet** n'était pas facile à traiter, mais rien de ce qui est vrai n'est facile, parce que la vérité est toujours complexe.

Jamais pareil **sujet** n'avait été abordé dans le roman.

« Les grands **sujets** doivent toujours aller au delà du vraisemblable. »
—CORNEILLE

Ces problèmes constituaient la **matière** de son œuvre.

La vie quotidienne est la **matière** du poète de circonstance.

(v.) On **soumet** la tragédie à une lecture critique.   (soumettre)

subjective

(n.) Il y a ici une fusion beaucoup plus accusée entre le **subjectif** et l'objectif.

subjectivity

Le nouveau roman ne vise qu'à une **subjectivité** totale.

sublime

Tous les mots **sublimes** de Corneille sont comme un jaillissement spontané de la volonté.

subordinate

La mythologie est donc entièrement **au service de** la rhétorique.

(v.) Ce romancier **assujetit** tout à la forme.   (assujetir)

subplot

Une **seconde intrigue** s'ajoute à la première.

substance

La **substance** des deux livres est à peu près identique.

La **matière** du livre est un peu mince.

substantial

Voici un livre **considérable** et impressionnant.

Je tiens *Les Mots* pour le meilleur essai de Sartre et pour un des livres solides et originaux de ce temps.

subtle

La satire est moins **subtile** dans ces deux sonnets.

subtlety

Il ne manie pas l'humour avec assez de **subtilité** (f.).

Il dit en ne disant pas.

succeed [> manage]

L'auteur **réussit** avec un égal bonheur dans tous les genres.   (réussir)

Rien ne **réussit** à cet homme parce qu'il n'avait pas une nature simple.

Son effort n'**aboutit** pas toujours.   (aboutir)

Le livre **obtint la faveur du public.**   (obtenir...)

Aucune de ces tentatives ne **s'est imposée.**   (s'imposer)

success

Dès qu'on parle ou qu'on écrit on cherche fatalement le **succès.**

Il connut un immense **succès.**

Ignorer les auteurs à **succès.**

On comprend la **réussite** des romanciers qui donnent l'impression d'être différents.

« Je rejette les livres qui plaisent le plus. » —DURAS

(commercial) Plusieurs volumes ont eu un **succès de librairie** très net.

successful

C'est une des parties les plus **réussies** du roman.

succession

« Il n'a pour lui qu'une **suite** d'ancêtres. »   —CORNEILLE

Il les a écrits **de suite.**

suffer

« Qui sait tout oser peut tout **souffrir.** »   —VAUVENARGUES

suffering

La **souffrance** devient l'objet d'une parodie.

suffice

« Pour être vertueux, il **suffit** de vouloir l'être. »   —ROUSSEAU   (suffir)

suggest

Le réalisme impitoyable **suggère** le style et la pensée de Zola.   (suggérer)

Le décor **sert à l'évocation d'**une boutique.   (servir...)

Cet adjectif **amène à l'esprit** la solitude que...   (amener...   )

suggestion

« Le difficile est de donner au mot sa force de **suggestion** (f.). »   —BERGSON

Baudelaire fait systématiquement appel aux **suggestions** de l'inconscient et du rêve.

suggestive

Le poète n'a pas évité les images **suggestives**.

suit

(v.) Le style ne **convient** guère **au** sujet.   (convenir à)

summarize

Il nous est impossible, en quelques lignes, de **résumer** ces pages sans les déformer.

Résumer ses romans serait les assassiner.

« Rien de beau ne **se peut résumer**. »   —Valéry

C'est un discours qui **se résume** difficilement.

summary   [> condensation]

Il faudrait d'abord donner un **résumé** de l'histoire de France.

summon

Le poète **fera appel à** tous les thèmes qui annoncent l'évasion.   (faire...)

superficial

L'imitation demeurait **superficielle**.

On voit là un art **sans épaisseur**.

superfluous

Il est évidemment **superflu** de se demander...

supernatural

(n.) C'est bien le **surnaturel** qu'il importe d'étudier.

(a.) Ce qui frappe davantage est l'atmosphère **surnaturelle**.

supplant

Pendant la période naturaliste, le roman **a supplanté** la poésie lyrique. (supplanter)

supported

Cette hypothèse se trouverait **renforcée** par les vers suivants.

sureness

Les qualités techniques et la **sûreté** du professionnel s'ajoutent au ton de l'amateur.

surpass

Les beaux-arts s'expliquent par ce fait que l'exécution ne cesse de **surpasser** la conception.

La science de Molinet **déborde** ce domaine traditionnel. (déborder)

surprise

(n.) A sa grande **surprise**, le critique ne l'avait même pas remarqué.

« Il n'y a pas une de nos passions qui ne nous réserve des **étonnements** (m.). » —SIMON

C'est une pièce aux **rebondissements inattendus**.

(v.) Corneille ne **surprend** pas le spectateur par des événements inattendus. (surprendre)

Les aventures du chevalier **étonnent** tout le monde. (étonner)

Il n'y a pas à **s'étonner** que ces rimes si courantes se rencontrent en assez grand nombre dans la pièce.

surprising

La présentation du héros est quelque peu **surprenante**.

On trouve dans ce roman d'**étonnantes** qualités d'écriture.

surrealism

Le **surréalisme** est un mouvement poétique, littéraire et artistique, défini en 1924 par André Breton, et qui, par l'automatisme, prônait le renouvellement de toutes les valeurs, jusque dans la morale, les sciences et la philosophie.

« **Surréalisme**: automatisme psychique par lequel on se propose d'exprimer, soit verbalement, soit par écrit, soit de toute autre manière, le fonctionnement réel de la pensée. Dictée de la pensée, en l'absence de tout contrôle exercé par la raison, en dehors de toute préoccupation esthétique ou morale. » —BRETON

« Le **surréalisme** ne s'écrira pas, ne se peindra pas, il se vivra! » —BRETON

Il existait jusqu'au **surréalisme** un déchirement profond entre la prose et la poésie.

surrealist

On pourrait même avancer que l'esthétique **surréaliste** est une esthétique du merveilleux.

C'est un poète d'obédience **surréaliste**.

surround

Giraudoux aime à **envelopper** ses personnages de grandeur et de beauté.

survey

(n.) Si l'on consulte les **panoramas** (m.) de la littérature contemporaine, on y trouve toujours une section consacrée au « roman surréaliste ».

(v.) Je **ferai** d'abord **un exposé sommaire** du genre.   (faire...)

survive

Certaines de ses formules lui **survivent**.   (survivre)

suspense

Le **suspense** dans ses romans lui a valu une renommée mondiale.

Nous sommes **tenus en haleine** comme à la lecture d'un roman policier.

sustain

Cet amour les a **soutenus**.   (soutenir)

sustained

Le dernier poème frappe par son développement **soutenu** et décisif.

syllable

Le mot « paragraphe » a trois **syllabes** (f.).

Il a bien pesé chaque **syllabe**.

syllepsis

La **syllepse** désigne l'accord des mots dans la phrase selon le sens, et non selon les règles grammaticales.

symbol

Un **symbole** ambigu, plurivalent, de la vie psychique.

Il faut en déchiffrer les **symboles**.

symbolic

Chaque personnage a ses attributs **symboliques**.

Les personnages de M. Green sont souvent **symboliques**.

symbolism

A partir de 1880, une nouvelle réaction se produit contre les brutalités et les trivialités du naturalisme, et remet en honneur certains éléments du romantisme: c'est le **symbolisme**.

Le **symbolisme** naît dans l'esprit d'un poète français, Baudelaire.

Les deux poètes les plus éminents du **symbolisme** pur, Mallarmé et Valéry, sont restés rigoureusement fidèles au vers traditionnel.

Deux traits de la **symbolique** de l'auteur donnent sa force au livre.

symbolist

Citons le *Manifeste* de Moréas, qui fonda l'Ecole **symboliste** en 1886 pour donner un contenu plus positif à ce que l'on appelait alors « esprit décadent ».

Les **symbolistes** sont littéralement hantés par la musique.

« Car les **symbolistes** ont compris que le problème fondamental était celui du langage. » —LALOU

La poésie des **symbolistes** est une musique sans barres de mesure.

En réalité le mouvement **symboliste** est un mouvement essentiellement poétique, et c'est dans la poésie seulement qu'il découvre sa vraie nature et toute sa puissance.

« La révolution **symboliste** fut plus profonde que l'insurrection romantique. » —LALOU

symbolize

Chaque personnage **symbolise** une réalité historique...   (symboliser)

symmetry

La pièce est construite selon une parfaite **symétrie**.

Giraudoux adore la **symétrie** des formules.

C'est une **symétrie** en miroir.

sympathy

Le trait essentiel du génie de Virgile est la **sympathie**.

Il n'est pas de connaissance sans quelque effort de **sympathie**.

Le lien de **sympathie** qui s'établit entre ces deux hommes angoissés...

Le sentiment du tragique suppose chez le spectateur un mélange de crainte et de pitié pour le héros.

synecdoche

La **synecdoque** est un procédé qui donne à un terme un sens plus étendu que ne le comporte son emploi ordinaire: un « vison » pour un « manteau de la fourrure du vison ».

syneresis

La diphtongaison s'appelle en prosodie une **synérèse**, par opposition à diérèse.

synesthesia

La **synesthésie** est l'association entre des sensations de nature différente: par exemple, un son qui évoque une couleur.

synopsis

Une édition avec **arguments** (m.) contient des résumés en tête de chaque division.

syntactic

Il use assez souvent de tours **syntaxiques** originaux.

syntax

Rappelez la **syntaxe** constante du Moyen Age, qui ne se soucie jamais de la logique ni de la grammaire...

La nouvelle rhétorique exige l'élaboration la plus sophistiquée du vocabulaire, la manipulation la plus artificieuse de la **syntaxe**.

Il a cherché une **syntaxe** musicale.

system

Il tente de comprendre la logique du **système** qu'il dénonce.

systematic

Le livre n'a donc rien de **systématique**, et c'est justement un de ses grands charmes.

systematize

Les modernes n'ont fait qu'**ériger en système** les procédés que les grands classiques appliquaient d'instinct.

Les règles de stylistique **se réduisent** difficilement **en système**. (se réduire...)

t

table of contents

La **table des matières** donne les moyens de trouver aisément les matières contenues dans un ouvrage.

take into account

Il faut **tenir compte de** cette polémique.

take on

De ce point de vue, le film **revêt** peut-être une certaine signification. (revêtir).

take place

C'est un roman dont l'action **se passe** à Paris.   (se passer)

L'action **se déroule** en Suisse.   (se dérouler)

Le festival mondial du théâtre universitaire **s'est déroulé** à Nancy.

Une sorte de conciliation générale **s'opère**.   (s'opérer)

Ses romans **se situent** toujours dans un château.   (se situer)

L'histoire **se situe** dans les plateaux.

La représentation **a eu lieu** aussitôt après.   (avoir...)

tale   [> narration]

L'intérêt documentaire du *Voyage de Paluau* est donc exceptionnel, car nous ne connaissons pas d'autre **récit** (m.) en vers.

Ce récit se dévore d'une seule traite, petite **historiette** encore toute vibrante d'enfance...

talent

« Le **talent** sans génie est peu de chose. Le génie sans talent n'est rien. » —Valéry

Le second peut tout faire, tant est souple son **talent** et son registre varié.

Se distinguant seulement par ce tour de main plus heureux que l'on appelle le **talent**...

C'est la création d'un artiste qui y verse tous ses dons de styliste, de moraliste, de critique et de biographe.

talented

Un des artistes les plus **doués** et les mieux avertis de notre langue.

L'écrivain n'est pas souvent à la hauteur de sa muse.

taste

(n.) Il avait le **goût** très large, le jugement très pénétrant, un sens exquis de l'art.

« Tous les **goûts** sont dans la nature. »   —PROVERBE

C'est une question de **goût** que l'on ne peut guère débattre.

Il vaut mieux avoir le **goût** mauvais que nul.

Je me suis aperçu que j'avais pris **goût** à Giraudoux.

« Le **goût**, c'est la raison du génie. »   —HUGO

« Il faut bien du **goût** pour échapper au goût de son siècle. »   —BERSOT

« Le **goût** est fait de mille dégoûts. »   —VALÉRY

technical

Ce réalisme s'accompagne d'une certaine virtuosité **technique**.

On est retenu par une certaine ingéniosité **technique**.

Ce procédé **technique**, le roman dialogué, n'était pas entièrement nouveau.

technique

L'obsession de la **technique** est une des caractéristiques de notre époque.

L'écrivain moderne pense beaucoup à la **technique** de son métier, et il en écrit.

Quel sens faut-il attribuer à une pareille **technique** ?

Il a recours à des **techniques** éprouvées.

Il y approfondit la **technique** déjà subtile de son précédent roman.

Les **techniques** narratives de Proust: la passivité, le manque d'identité.

Telle est la **technique** originale, difficile et féconde qu'il a introduite dans le roman.

tell

Elle lui **a conté** toute l'affaire.   (conter)

« N'ayant pas encore l'âge où l'on invente, je me contente de **raconter**. » —DUMAS fils

temperament

Il existe dans le **tempérament** de ce poète une veine morbide.

tempt

Le cinéma le **tentait** depuis longtemps. (tenter)

tend

La comédie **tendra à** devenir sérieuse. (tendre à)

Non que cette œuvre romanesque **tende à** être abstraite.

tendency

Cette période est caractérisée par deux **tendances** très différentes.

Deux **tendances** se font jour.

Ses **tendances** moralisatrices sont constamment tempérées par l'humour.

tension

La **tension** qui s'établit entre la réalité et le rêve...

tentative

Tout jugement esthétique est non pas **provisoire** mais relatif parce qu'il dépend des goûts de l'époque où il est formulé.

tercet

L'exquise « Fileuse » de Valéry est une des plus parfaites réussites du **tercet**.

L'auteur songe d'abord à un poème en **tercets** d'alexandrins blancs.

Toute la *Divine Comédie* de Dante est écrite en **tercets**, système de versification dont la première origine paraît remonter au sirventès provençal.

term   [> word]

Le **terme** est si vague, si galvaudé...

terza rima

Gautier a exploité les **rimes tiercées** avec un rare bonheur dans son recueil de poèmes *España*.

text

Les œuvres littéraires ne peuvent être sérieusement appréciées que dans le **texte**.

« L'étude des **textes** ne peut jamais être assez recommandée. »
—La Bruyère

Soyons donc prudents et tenons-nous-en aux **textes.**

Partout l'auteur est allé aux **textes**, a réfléchi sur eux avec personnalité.

theater

Le **théâtre**, s'il est aussi un art du temps, est avant tout un art de l'espace, et de l'espace concret.

Le **théâtre** laisse avant tout des souvenirs de types plus que d'intrigues.

Le **théâtre** est un autre monde, ce n'est pas une réplique du nôtre.

« Personnages—pièce. » —SALACROU

« Intrigue, action—âme humaine, exploration de l'homme. » —MONTHER-
LANT

(absurd)   En 1953 le théâtre de l'absurde s'imposa au public parisien.

               Cette poésie, comme le théâtre de l'absurde, ne cherche plus à comprendre le monde.

(action)   C'est un théâtre dynamique, débordant d'action.

(æsthetics)   « Il est légitime, à mon sens, de porter au théâtre des esthétiques nouvelles. » —APOLLINAIRE

(anti-theater) Ionesco est un des plus illustres représentants de ce théâtre dit d'avant-garde, de l'absurde, ou anti-théâtre.

(avant-garde) Les avant-gardistes remettent en question le langage, les structures, et les schèmes de leur art.

               Les puristes de la langue voient dans cette aventure théâtrale une absence de littérature.

(Christian)   Le théâtre chrétien est né des cérémonies du culte et s'en est détaché peu à peu.

(classical)   Le théâtre classique impliquait une séparation rigoureuse du tragique et du comique et subordonnait tous les éléments de la pièce à l'action et surtout à l'harmonie générale de l'œuvre.

               Le théâtre classique est avant tout un art du langage.

               Le procédé classique généralise les caractères au lieu d'in-dividualiser les personnages.

(conventions) Antoine s'efforça de rapprocher de la vérité de la vie les conventions scéniques.

(cruelty)   On retrouve dans cette esthétique les bases sur lesquelles Artaud faisait reposer son théâtre de la cruauté.

(denunciatory)	Le théâtre dénonciateur, par exemple *V comme Vietnam* par Armand Gatti...
(derision)	Ce théâtre de la dérision ne représente qu'une première étape.
(experimental)	C'est un théâtre d'essai.
(fantasy)	Le théâtre de Marivaux est avant tout un théâtre de fantaisie.
(language)	Le langage de la scène ne doit pas copier le langage quotidien.
(literary)	C'est un art de la scène, un théâtre essentiellement littéraire.
	C'est celui qui a contribué le plus à maintenir le théâtre dans le domaine de la littérature.
	Giraudoux faisait triompher un théâtre écrit, et bien écrit.
(lyric)	Au théâtre lyrique on joue des pièces mises en musique.
(lyricism)	Le grand lyrisme au théâtre est surtout dans l'ambiance.
(naturalist)	Mais c'est le Théâtre Libre d'Antoine qui fit triompher, pour un temps assez court, le naturalisme sur la scène.
(new)	Le théâtre nouveau fait le procès du dogmatisme intellectuel, l'ennemi de la poésie et du rêve.
	Le théâtre nouveau pose d'abord le problème des rapports verbaux entre les hommes.
	C'est à travers d'images grossissantes que le nouveau-théâtre paraît s'appliquer à mettre en relief un tel désordre.
(popular)	Son but, à ce moment, c'est un théâtre de combat qui soit un théâtre populaire.
	Il n'est de pire théâtre que celui du boulevard avec ses intrigues traditionnelles.
	« Ne vous y trompez pas. Boulevard veut dire gros public. C'est au gros public que le théâtre s'adresse. » —COCTEAU
(professional)	Il refusa sa pièce à tout théâtre professionnel.
(realistic)	« ... le tableau fidèle des actions des hommes. » —BEAUMARCHAIS
(restrictions)	Le dramaturge ne doit être limité par aucune règle arbitraire.
(revolutionary)	Ce fut une bombe lancée à tout ce qui s'était fait jusqu'alors sur la scène depuis le drame antique.
(romantic)	Le théâtre romantique est coulé dans des moules classiques beaucoup plus que ne le croyaient les romantiques eux-mêmes.

Les préfaces sont ce qu'il y a de plus accompli dans le théâtre romantique.

Il a dénoncé la fausse poésie du théâtre romantique.

Cela marque une évolution dans le drame romantique.

(seamy)   Quel est l'intérêt d'un théâtre qui ne s'attache qu'à dévoiler les noirceurs de la nature humaine ?

(season)   La saison théâtrale a connu un éclat plus vif que lors des saisons précédentes.

(structure)   Le théâtre, qui n'existe qu'avec le consentement et la présence du public, résiste, plus qu'aucun autre art, aux réformes de structure.

(techniques)   Il entreprend une refonte intégrale des techniques théâtrales.

« En fait d'art dramatique, tout est dans la préparation. » —Dumas père

(tension)   Corneille n'a pas appliqué aux scènes le principe de tension qu'il a voulu appliquer aux actes.

(turning point)   Cette pièce marque un tournant capital dans son œuvre.

(useful)   « Dans la forme qui nous conviendra le mieux inaugurons le théâtre utile, au risque d'entendre crier les apôtres de l'art pour l'art, trois mots absolument vides de sens. » —Dumas fils

theater company

La pauvreté des jeunes **troupes** n'est pas vice : par le dénuement, ils rencontrent le vrai théâtre.

(travelling) Cette troupe ambulante...

theatrical

Il y a plusieurs situations heureuses et **théâtrales**.

theatricality

« Il faut rendre au théâtre ce que j'appelle sa **théâtralité**. » —Copeau

Ils partagent le désir de rethéâtraliser l'art dramatique.

thematic

Ce livre nous invite à une exploration **thématique**, à un trajet artistique qui vaut le détour.

theme [> subject]

« Le **thème** de tout roman, c'est le conflit d'un personnage romanesque avec des choses et des hommes qu'il découvre en perspective à mesure qu'il avance, qu'il connaît d'abord mal et qu'il ne comprend jamais tout à fait. » —Alain

Il touche à tous les grands **thèmes**: la vie, la mort, l'amour, Dieu.

Les personnages tournent autour du **thème** dramatique central comme la phrase tourne autour du verbe.

Les plus grands écrivains de chaque époque ont utilisé des **thèmes** et des traditions populaires.

C'est cette idée religieuse qui forme le **thème** central de l'œuvre.

Cette pièce reprend le **thème** de la violence dans notre société.

On trouve dans ce texte les principaux **thèmes** gidiens: ferveur, refus de tout ce qui peut lier, besoin de disponibilité.

(avant-garde)	La dislocation du langage, le conventionalisme poussé à outrance, le rôle des clichés dans le dialogue, le mépris de la logique sont les thèmes majeurs que les avant-gardistes ont utilisés.
(baroque)	Le thème de l'eau est particulièrement cher à l'art baroque.
(basic)	Ce dernier vers nous ramène au thème fondamental—thème à peu près invariable.
(comic)	Exploiter un thème comique traditionnel...
(Faust)	L'auteur s'est attaqué au thème de Goethe vu à travers le XXe siècle.
(favorite)	On relève un certain nombre de thèmes favoris.
	Il a renoncé aux thèmes qui lui tenaient à cœur.
(great)	Il se détourne des grands thèmes.
(handling)	Ce thème n'est pas uniquement développé dans...
	Le thème est contrôlé et développé...
(integrated)	Il existe des rapports entre la structure, les images, les sons et le thème.
(introduction)	Les premières pages sont un prélude où déjà sont exposés les thèmes principaux.
(life and death)	Les thèmes de la vie et de la mort sont présentés selon une juxtaposition systématique.
(main)	On trouve dans ce texte les principaux thèmes sartriens.

Cette idée occupe une position centrale dans le système d'imagination baudelairien.

Il consacre l'essentiel de son livre à une série d'études de thèmes.

(recurrent) La bâtardise s'installe comme un des thèmes itératifs des lettres contemporaines.

Les pièces suivantes reprendront le même thème.

Les thèmes qui courent à travers ces récits sont...

(religious) Cette thématique nous paraît religieuse.

(trite) Tout en utilisant un thème usé et épuisé par les poètes de la Renaissance...

Un matériau thématique qui est tombé dans la banalité...

(universal) Cette poésie se nourrit des grands lieux communs de la vie et da la mort.

(variation) Beaucoup plus original est la seconde variété du thème.

(varied) Ces thèmes divers sont traités sur le ton de la parodie bouffonne.

theoretical

C'est une œuvre à bien des égards **théorique**.

theorist

Dumas n'est pas, comme Hugo, un **théoricien** du théâtre.

Proust est d'abord étudié comme **théoricien** de la critique littéraire.

Mme de Staël fut la **théoricienne** de l'esprit nouveau.

theorize

Quand elle **théorise** et polémique, on peut la trouver insupportable. (théoriser)

theory

On trouve dans ce roman la mise en forme d'une **théorie** abstraite.

thesis

La **thèse**, malgré cet intéressant exemple, ne tient guère.

think   [> believe]

« Je **pense**, donc je suis. »   —Descartes   (penser)

thought

« Toute notre dignité consiste en la **pensée**. » —Pascal

« Les grandes **pensées** viennent du cœur. » —Vauvenargues

Telles, à la lecture de ce roman, sont nos **pensées**, nos inquiétudes.

(free) Il voyait en Rabelais un défenseur de la libre pensée.

thoughtful

C'était un jeune homme calme et **réfléchi**.

thought-provoking

C'est un roman à thèse, une histoire qui secoue, **qui fait réfléchir**.

thriller

Le dénouement de ce **roman terrifiant** est complètement inattendu.

throughout

Tout au long du roman, il insiste sur ce thème.

Il ne s'agit **tout au long de** ce livre que du théâtre.

thwart

Mais M. Robbe-Grillet **a déjoué** cette manœuvre. (déjouer)

time

(n.) L'auteur-narrateur manipule donc le **temps** romanesque avec une habileté consommée; il s'intéresse aux problèmes de durée.

Le **temps** romanesque est ici suspendu.

« Le **temps** du romancier est élastique et réversible. » —J. Hytier

On peut songer à Proust, véritable romancier du **temps** psychologique.

Bien avant Proust, Mme de Sévigné a découvert le rôle du **temps**, et la cruauté de la recherche du temps perdu.

Le poète romantique est très conscient de la fuite du **temps**.

tirade

Citons encore les mots prononcés par le vieux paysan, après la **tirade** de son fils.

title

L'ouvrage correspond bien à la modestie de son **titre**.

Il faut arriver à Baudelaire pour rencontrer des **titres** impressionnistes ou symbolistes, donc plus révélateurs.

title page

Le nom et l'adresse de l'éditeur et le millésime de la publication se trouvent sur la **page de titre.**

tmesis

La **tmèse** coupe en deux parties un mot composé: « *Lors* même *que* cela serait vrai...

tone   [> style]

Le thème est le même, mais combien diff è re l'**accent** (m.)!

Par le rythme, par les allitérations, les énumérations interminables, le **ton** rappelle Rabelais.

C'est un bel essai dont le **ton** se partage entre la tristesse et l'indignation.

Dans un univers balzacien, la vie a une certaine couleur dont découle la **tonalité** de l'ensemble.

(informal)   Le ton est celui du badinage, de l'anecdote.

(light)   On est frappé par la légèreté du ton du narrateur.

(lofty)   Le ton du roman est toujours élevé.

(moralizing) Il prend un ton moralisateur.

(personal)   L'intérêt de cette œuvre réside dans le ton personnel.

topic   [> theme]

Voilà un beau **sujet.**

touch   [> move]

(n.) Ces quelques **touches** (f.) sont complémentaires.

(v.) Nous **touchons** ici **à** ce qui fait de Villon un grand poète.   (toucher à)

touching

Il a choisi les paroles les plus **touchantes.**

Ce sont les moments les plus **pathétiques** de ce beau livre sans trace de grande littérature.

trace   [> touch]

Ceux qui ont cru reconnaître quelques **traces** (f.) d'autobiographie dans ce personnage...

tradition

« Un classique est un écrivain qui veille sur la **tradition.** » —J. RENARD

« La **tradition** est le lien du présent avec le passé. » —LACORDAIRE

Acteur, metteur en scène, auteur, Camus était de la **lignée** des grands hommes de théâtre.

Ce sont tous des romanciers de la **lignée** de Balzac.

traditional

Claudel voit trop à travers une imagerie **traditionnelle**.

tragedy

Poème dramatique dont le sujet est le plus souvent emprunté à la légende ou à l'histoire, mettant en scène des personnages illustres, et représentant une action destinée à provoquer la pitié ou la terreur par le spectacle des passions humaines et des catastrophes qui en sont la fatale conséquence.

« L'imitation, au moyen de l'action, d'une destinée illustre, avec un dénouement malheureux, en un style élevé, en vers. » —SCALINGER

« Ma **tragédie** est finie, je n'ai plus que les vers à faire. » —RACINE

« La **tragédie** doit exciter de la pitié et de la crainte. » —CORNEILLE

« Il n'y a que le vraisemblable qui touche dans la **tragédie**. » —RACINE

« Tristesse majestueuse qui fait tout le plaisir de la **tragédie**. » —RACINE

La **tragédie** est faite de paroles qui signifient, et non qui ornent.

La pièce possède le mouvement d'une **tragédie** classique.

Voltaire accuse la **tragédie** d'être plus une joute oratoire qu'un spectacle ou une action.

« ... de longues conversations partagées en cinq actes par des violons. » —VOLTAIRE

tragic

(n.) Le sentiment du **tragique** est passé au second plan.

Le **tragique** naît du sentiment d'une force invisible qui s'oppose à la volonté humaine.

(a.) Le héros **tragique** détermine lui-même sa destinée.

Le romancier s'y intéresse d'un point de vue théologique et **tragique**.

tragi-comedy

« Une pièce dont les principaux personnages sont princes, et les accidents graves et funestes, mais dont la fin est heureuse, encore qu'il n'y ait rien de comique qui y soit mêlé. » —DESMARETS

tragi-comic

Cette pièce est une farce **tragi-comique**.

training

Dumas a souffert de son manque de **formation** (f.).

Les acteurs ont fait leur conservatoire.

transition

Les **transitions** doivent paraître naturelles et logiques.

Guez de Balzac montra comment équilibrer les propositions, établir les **transitions**, rythmer les périodes.

Les **transitions** d'une partie à l'autre révèlent un trait stylistique capital chez Sarraute.

Une habile **transition** passe graduellement d'une idée à une autre.

Il manque, pour faciliter ce passage, une **transition**.

Mais il n'explique pas le manque de **liaison** (f.) entre les paragraphes.

translate

Abondamment **traduit** à l'étranger, cet écrivain demeure peu connu du grand public.   (traduire)

Cet écrivain **reflète** les aspirations de sa génération.   (refléter)

translation

La **traduction** semble fidèle.

Certaines **traductions** d'œuvres célèbres n'ont-elles pas acquis la valeur d'œuvres originales ?

translator

Le fait d'avoir été un **traducteur** lui avait inspiré une certaine indulgence pour la phrase escarpée, pour l'adjectif inattendu, pour les tournures maladroites.

Mallarmé, autre **traducteur**, avoue l'influence sur son langage du déplacement des mots dans un texte étranger.

travelogue

C'est bien plus qu'un **récit de voyage**.

travesty

(n.) Cette **pièce à travestissements** ne manque jamais d'amuser le spectateur.

(v.) Celui qui **travestit** compose une imitation burlesque d'une œuvre sérieuse. (travestir)

treat

(v.) Les deux strophes **traitent** les morts comme des vivants.   (traiter)

C'est un ouvrage qui **traite des** coutumes barbares.

Quel sujet **a-t-il traité** ?

treatise

« La critique littéraire est bien souvent un **traité** de morale. »   —Mme de Staël

tricks of the trade

Il connaît toutes les **ficelles du métier** et n'hésite pas à les tirer.

triolet

Petite pièce de huit vers dont trois (1, 4 et 7) sont les mêmes, le **triolet** se fait sur deux rimes.

trite   [> hackneyed]

Sa prose, semée d'expressions **ressassées**,...

C'est un sujet **usé**.

triumph

(n.) Cette représentation devrait être considérée comme l'**un des sommets** de la saison toute entière.

(v.) Il **triomphe de** son adversaire.   (triompher de)

L'acte s'achèvera sans qu'un des rivaux puisse vraiment **crier victoire**.

true

« Le **vrai** a été souvent beaucoup au-delà du vraisemblable. »   —d'Aguesseau

« Le **vrai** peut quelquefois n'être pas vraisemblable. »   —Boileau

Le **véritable** plaisir du théâtre est le plaisir des larmes.

(ring) true

Les phrases, les alinéas, les pages, le livre tout entier doit **sonner la vérité**.

true (to life)

C'est extraordinairement **ressemblant**.

Ce créateur de personnages **criants de vérité** est en réalité un visionnaire.

trust

(v.) On peut **se fier à** cette critique.

Quel auteur ne **fait** pas **confiance à** ses personnages? (faire...)

truth

La **vérité** ne doit jamais choquer... il vaut mieux tricher avec elle, c'est-à-dire la dévêtir avec art, que de la montrer dans sa nudité.

La pièce y perdra en pittoresque, mais sa **vérité** demeurera la même.

« Nous connaissons la **vérité** non seulement par la raison, mais encore par le cœur. » —PASCAL

Le principe fondamental des drames de Corneille, c'est la **vérité**, la ressemblance avec la vie.

Il n'y a pas un instant de **vérité**.

« La **vérité** est triste. » —RENAN

try [> strive]

Il faut **essayer d'**en décrire les traits essentiels.

Il **a tâché d'**insister sur les aspects les moins connus. (tâcher de)

On peut **tenter de** classer ces images.

turn of phrase

Là il s'est servi d'une **tournure** un peu lourde.

turning point

Le travail ingénieux de cet auteur fut sans doute un **tournant** du théâtre français.

L'année 1660 marque le **point de partage** de l'histoire littéraire du siècle.

L'œuvre d'Apollinaire n'en est pas moins l'**œuvre-carrefour** (f.). On a dit l'œuvre-clef, ou l'œuvre-mère, et c'est inutilement excessif.

typewritten

Camus n'a pas corrigé le dernier texte **dactylographié**.

Il n'en reste que dix pages **de machine**.

typical

Des personnages à peine déguisés recréent des situations **typiques**.

Ces écrivains ne sont vraiment pas **représentatifs**.

C'est le révolté **type**.

typify

Ce sonnet **caractérise** à merveille l'art de ce poète.   (caractériser)

u

unaware

Mais le critique fut **ignorant** de ce fait.

« Le savant sait qu'il ignore. »   —Hugo

uncertain

On **n'a aucune certitude sur** l'inventeur de ce vers.

underestimate

L'auteur **sous-estime** néanmoins la force de la classe bourgeoise.   (sous-estimer)

undergo

La critique **subit** aujourd'hui une crise.   (subir)

La langue **a subi** un appauvrissement évident.

Tous les romantiques **ont subi** son influence.

underline   [> emphasize]

Camus **souligne** le caractère radical du conflit des volontés individuelles. (souligner)

underscore   [> stress]

Le rapport de sens a sans doute amené le rapport de son qui le **souligne**.

understand

« Le vrai public ne **comprend** pas, il ressent. Ceux qui veulent **comprendre** au théâtre son ceux qui ne comprennent pas le théâtre. »   —Giraudoux

« **Comprendre**, c'est se changer, aller au delà de soi-même. »   —Sartre

understanding

Ces études contribueront également à une meilleure **compréhension** de Barrès et de son époque.

understatement

Un tel choix représente un **amoindrissement des faits** fréquent chez cet écrivain.

La **litote** dit moins pour faire entendre plus: « pas bête » pour « intelligent ».

undertake

Pascal **entreprend** donc une critique non plus philosophique, mais historique et philologique des Ecritures.   (entreprendre)

Il **s'est** vite **engagé dans** une aventure amoureuse.   (s'engager dans)

undertones

La haine et la peur s'y expriment d'abord à **mots couverts.**

undo

Le hasard ne tarde pas à **déjouer** les plans de Figaro.

uneven

Son ouvrage est très **inégal.**

Verlaine sentait fort bien que la mesure **impaire** convient à la musique.

unexpected

Des images **inattendues**, d'**imprévues** alliances de mots, voilà le secret du style de Montaigne.

Les poètes contemporains ont fait la chasse à la rime **imprévue.**

unexplained

Il est donc possible de comprendre deux choses demeurées **inexpliquées** jusqu'ici.

unfinished

Ce roman **inachevé** ne sera pas publié de son vivant.

C'était un écrit **inachevé**, non destiné à la publication.

unfolding

Le **déroulement** de l'histoire...

unfounded

Sa prétension n'était pas entièrement **dépourvue de fondement.**

unified

Le récit n'est guère **uni.**

unimportant

Le pittoresque, la forme, la couleur **ne comptent pas** pour lui.

L'honneur ici **n'a aucune importance**.

uninterrupted

Il faut lire le roman **d'un trait (d'une traite)**.

uniqueness

Gide nous a rappelé que la **singularité** ne fait pas le génie.

unite

« La souffrance en commun **unit** plus que la joie. » —RENAN (unir)

unities (dramatic)

Pour Aristote il y avait des lois, et presque tous les théâtres de l'Occident s'en sont inspirés.

L'**unité** (f.) **d'action** est une règle dramatique d'après laquelle la pièce entière doit développer une seule action principale.

« Avec l'**unité d'action**, de temps et de lieu, il est bien difficile qu'une pièce ne soit pas simple. » —VOLTAIRE

L'**unité de lieu** veut que l'action soit représentée d'un bout à l'autre dans le même lieu.

L'**unité de temps** exige que l'action s'accomplisse dans l'espace d'une journée.

« Qu'en un lieu, qu'en un jour, un seul fait accompli... » —BOILEAU

Ces pièces se conforment à l'esprit des trois **unités**.

Il se prononce en faveur de la règle des trois **unités**.

Cette œuvre théâtrale n'exclut pas nécessairement la forme classique et son triptyque.

Le déclin du classicisme et le souci de mettre plus d'action sur la scène font apparaître les **unités** comme une contrainte purement formelle, au début du XIXe siècle.

Le romantisme rejette les **unités** de lieu et de temps, ne gardant que l'unité d'action, appelée unité d'ensemble.

Les **unités**, dont le sens intime n'est plus compris, sont jugées trop étroites et tyranniques.

unity

Aucun développement accessoire ne détruit cette belle **unité**.

L'**unité** de ce poème se crée par la récurrence de certains objets.

On remarque d'importants éléments d'**unité** reliant l'œuvre entière.

Cela contribue à l'**unité** de l'œuvre.

L'**unité** est assurée par la structure de l'intrigue et des thèmes.

L'**unité** de ces trois récits se situe dans la lutte du peuple pour sa libération sociale et politique.

Une œuvre d'art doit être limitée ; elle doit pouvoir être saisie d'un regard ; elle doit former dans l'esprit un tout cohérent et intelligible.

Ces vingt nouvelles forment un tout et suivent un mouvement.

universal

(n.) Descartes analyse et contemple son moi pensant et retrouve en lui-même l'**universel** (m.).

(a.) « Aucun artiste n'est plus **universel** que lui (Hugo), plus apte à se mettre en contact avec les forces de la vie universelle. » —Baudelaire

Ce conte est de tous les temps et de tous les pays.

Ses drames correspondent à un théâtre englobant le monde entier.

Un art qui concerne tout le monde...

universality

On se rend compte alors de l'**universalité** (f.) de son esprit.

« Les grands artistes n'ont pas de patrie. » —Musset

Il faut des générations pour comprendre toutes ses richesses et son auteur est le contemporain de tous les temps.

universe

Dans cet **univers** romanesque les objets jouent un rôle discret mais certain.

unknown

La littérature slovaque est pratiquement **inconnue** en Occident.

L'origine des fabliaux est généralement **insaisissable**.

unlike

A la différence de la critique anglaise, il accorde peu d'importance aux aspects idéologiques de ce roman.

unmotivated

Tout y arrivait **sans raison** ou **contre raison**.

unnoticed

Cet ouvrage est à peu près passé **inaperçu** en France.

unprintable

Les tirets représentent des mots **qu'on rougirait d'imprimer.**

unpublished (works)

(n.) Les **inédits** (m.) de Victor Hugo se font rares.

(a.) L'interprétation de ce critique n'utilise pas de documents **inédits.**

unsteady

Mlle Sagan cherche, visiblement, dans une œuvre encore **mal assurée**, un équilibre.

unsuccessful [> failure]

C'est le récit d'une vie **manquée.**

« Nous sommes tous un peu des **ratés** par quelque endroit. » —Renard

untranslatable

Ce terme, fréquent chez l'auteur, est presque **intraduisible.**

unusual

Il réussit à rendre **insolites** des personnages d'actualité.

La conclusion qu'on en tire **n'est pas coutumière.**

On trouve aussi des inversions **inaccoutumées.**

Sartre n'avait pas besoin de recourir au vocabulaire **inhabituel** de l'humanisme.

up-to-date

Vous trouverez une bibliographie, excellente et **à jour**, dans cet ouvrage.

use

(n.) On remarquera un très large **emploi** des noms propres.

Il fait un constant **usage** de la périphrase mythologique.

(v.) Il **se sert** comme point de départ **de** données invraisemblables.   (se servir de)

Le romancier **utilise** ici une image un peu convenue.   (utiliser)

L'essentiel du matériel mythologique **mis en œuvre** par ce poète... (mettre...)

useful

Il serait peut-être **utile** de relire encore les mots de l'auteur.

Voilà un livre **qui pourra rendre de réels services** aux étudiants.

useless

« La vertu sans l'argent n'est qu'un meuble **inutile**. » —Boileau

Il serait **vain** de chercher une signification précise à chacun des termes employés.

V

vague

Bien que l'image ici soit plus **vague**, à moitié formée seulement...

Rien d'éthéré, de vaporeux, de **vague** dans cette poésie.

valid

Ce qui s'applique aux mots est également **valable** pour les personnages.

value

(n.) Quelle que soit la **valeur** de ses grands romans...

Mais ces **valeurs** morales se sont dégradées en conventions.

variant

(n.) Il existe une **variante** de ce poème.

variation

Ce roman nous offre une **variation** nouvelle sur le thème de Tristan et Yseult.

varied

Roman aventureux, plein d'inspirations **diverses**...

Le vocabulaire est agréablement **varié**.

variety

Valéry n'a point visé, dans sa poésie, à une extrême **variété**.

vary

Rabelais **varie** ses procédés d'art à l'infini selon le modèle qu'il imite. (varier)

vaudeville

Le **vaudeville** est une comédie légère fondée presque uniquement sur l'intrigue et le quiproquo.

vehicle

Pour animer cette philosophie, le roman a été son meilleur **instrument**.

verisimilitude

La **vraisemblance** dramatique dépend de la subordination rigoureuse de l'action aux données intiales de la pièce et aux caractères des personnages.

Ce personnage n'a pas beaucoup de **vraisemblance** sociale ni de consistance psychologique.

(lack of) Un tel procédé est inacceptable par son invraisemblance.

"verismo"

Le **vérisme** est une école littéraire italienne qui, comme l'école réaliste en France, revendique le droit de représenter la réalité toute entière.

Certains critiques ont cru déceler chez Butor un retour aux procédés du **vérisme**.

verse [> poetry]

Le **vers** est la forme par excellence des littératures anciennes.

verse (of a poem) [> couplet, stanza]

Un assemblage homogène de vers s'appelle au Moyen Age **laisse**, dans la poésie epique, et **couplet** dans la poésie lyrique; puis **strophe** avec la Pléiade, et **stance** après Ronsard.

La **strophe** est un groupe de vers unis dans un système de rimes.

La **strophe** est fortement rimée grâce aux répétitions, et fortement rythmée.

La **strophe** de l'hallucination est la plus puissante du poème.

La structure du **verset** de Claudel est commandée par le souci du souffle nécessaire à la récitation.

(Biblical) Pascal se rappelle ce verset de Jérémie, où Dieu dit...

(key) Dans cette strophe-clé, le poète nous offre...

versification

La **versification** est l'art qui consiste à disposer des mots pour en composer des vers et des poèmes.

Notre **versification** est constituée par le nombre des syllabes, l'accent tonique, les césures, la rime.

Les premières ballades sont d'une **versification** très confuse.

versified

Le xvᵉ siècle mit délibérément en prose les narrations **versifiées.**

versifier

Chrétien de Troyes est un adroit **faiseur de vers.**

version

La première **version** de l'ouvrage parut en 1951.

vers librist

La tentative des symbolistes **vers-libristes** a-t-elle réussi?

vice

« Gide était parfait! n'avait pas de défauts... il n'avait que des **vices** (m.)! »
—MAURIAC

violence

Outre la **violence**, il y a d'autres constantes de la littérature du Sud (des Etats-Unis).

Racine est un poète de feu, et il met la scène à feu et à sang.

violent

Sa prose n'est pas sans expressions **violentes.**

« La mythologie, la poésie épique, la tragédie, sont pleines de sang. »
—VALÉRY

virelay

Le **virelai** est une petite pièce de quatre strophes dont la première (strophe-refrain) est reprise après chacune des trois autres.

virtue

« La **vertu** n'irait pas si loin si la vanité ne lui tenait compagnie. »
—LA ROCHEFOUCAULD

« Les **vertus** se perdent dans l'intérêt comme les fleuves se perdent dans la mer. » —LA ROCHEFOUCAULD

visual

La poésie baroque est **visuelle** sans être ce que les classiques appelleront une poésie descriptive.

vivid

C'est dans son théâtre que Sartre a incarné ses idées de la manière la plus **vivante**.

Il a tracé du roi un portrait familier et extrêmement **vivant**.

Dans le style **imagé** de La Fontaine les métaphores et les comparaisons sont nombreuses.

vocabulary [> language]

Rabelais cherche à exploiter la valeur sonore ou pittoresque du **vocabulaire**.

Le **vocabulaire** de Balzac est très riche.

Victor Hugo a eu un des plus riches **vocabulaires** dont jamais poète ait usé.

Sa poétique dispose toujours d'étonnantes ressources de **vocabulaire**.

Le reste est **vocabulaire** quotidien, volontairement terre-à-terre et banal, presque pauvre.

Péguy aimait le **vocabulaire** de l'armée.

voice

(n.) La **voix** de Pierre Viala est justement célèbre.

Non seulement le ton de **voix** évoque les accents de Bernanos, mais même le rythme de cette phrase est bernanosien.

volume

Ce **volume** contient des études solides.

Après la lecture du premier **tome** des *Mémoires*, nous espérions beaucoup du second livre.

vowel

« Les **voyelles** françaises sont nombreuses et très nuancées, forment une rare et précieuse collection de timbres délicats... » —Valéry

vulgar

« Le **vulgaire** et le trivial même doivent avoir un accent. » —Hugo

vulgarity

La **grossièreté** énorme de cette œuvre...

W

want [> wish]

(v.) Nous **voulons** de meilleures preuves. (vouloir)

way [> fashion]

Une seule pièce l'a influencé d'une **façon** indéniable.

weakness

Ce poète a un **faible** pour le sonnet et pour l'alexandrin.

L'homme d'aujourd'hui n'est plus protégé contre ses propres **faiblesses** (f.) de jugement.

Un premier livre, en dépit de **faiblesses**, peut révéler un tempérament d'écrivain.

whole

(n.) La narration réalise l'intégration du particulier dans l'**ensemble** (m.).

(a.) Il s'adresse à l'univers **entier**.

widely known

De toutes ses œuvres, c'est sans doute celle-là qui est la plus **universellement connue.**

widely read

Un des écrivains les plus **largement lus** en France...

Ce roman, en obtenant le Prix Goncourt, avait donné à son auteur un vaste public.

will

Ce sont les combats de la passion contre la **volonté** qui font la beauté dramatique du *Cid*, de *Polyeucte*, de *Cinna*.

wings [> offstage]

Ces actions se passent dans les **coulisses** (f.).

wish [> desire]

(v.) « On ne **souhaite** l'estime que de ceux qu'on aime ou qu'on estime. »
—Mme de Sévigné

wit

« L'**esprit** (m.) sert à tout et ne suffit à rien. » —La Bruyère

« Moins ils cherchaient l'**esprit** et plus ils en trouvaient. » —Voltaire

withstand

« Il n'est pas d'amour qui **résiste à** l'absence. » —A. France (résister à)

witty

Facilement écrit dans un style naturellement **spirituel** et enjoué...

word

« Au commencement était le **Verbe**. » —La Genèse

« La **parole** a été donnée à l'homme pour expliquer ses pensées. » —Molière

« Car le **mot**, qu'on le sache, est un être vivant. » —Hugo

On reconnaît les **propos** (m.) de Valéry.

(choice)	Son choix de mots est gouverné par le ton et le sujet.
	Il attache une juste importance au choix comme à la place des mots.
(context)	Le contexte a dégagé ce mot de ses associations normales.
(effect)	Le mot est envisagé dans les répercussions qu'il a sur les mots voisins.
(evocative)	C'est un mot dont le pouvoir évocateur a subi une évolution.
	« Le difficile est de donner au mot sa force de suggestion. » —Bergson
(frequency)	C'est le mot qui apparaît avec la plus grande fréquence.
	« Pour deviner l'âme d'un poète, ou du moins sa principale préoccupation, cherchons dans ses œuvres quel est le mot ou quels sont les mots qui s'y représentent avec le plus de fréquence. Le mot traduira l'obsession. » —Baudelaire
(meaning)	Il est indispensable de préciser le sens dans lequel l'auteur emploie ce mot.
	Il faut entendre ce terme dans le sens que lui donne Baudelaire.

(musical)	Il traite les mots comme des notes de musique.
(order)	Quelque habile que soit l'agencement des mots, il peut difficilement produire des effets symphoniques.
(ordinary)	« Puissé-je ne me servir que des mots qui servent aux halles à Paris. » —MONTAIGNE
	« Les mots que j'emploie, Ce sont les mots de tous les jours. » —CLAUDEL
(placement)	« D'un mot mis à sa place, apprenez le pouvoir. » —BOILEAU
	« Le mot le plus nu, mis en bonne place, fait bien plus d'effet que le terme rare. » —LACRETELLE
(recurrent)	Un certain nombre de mots réapparaissent fréquemment sous la plume de Malraux.
	On y découvre une répétition partielle de mots.
(relationship)	Chaque mot intéresse moins par lui-même que dans ses rapports avec d'autres mots.
(spoken)	Les paroles s'envolent, les écrits restent. —PROVERBE
(subtle)	« Entre deux mots, il faut choisir le moindre. » —VALÉRY

word play [> pun]

Son goût des **jeux** (m.) **de mots** est ici trop évident.

wording

La **libellé** de la question littéraire varie selon les textes.

wordy

Le style **prolixe** est chargé de détails inutiles.

Les personnages parlent longuement, en tirades, et sans couper le dialogue.

work

(n.) Cette **œuvre** ne s'adresse au fond qu'à un public restreint.

Le premier tome de ce grand **ouvrage** couvre une période de trois ans.

Quant au premier chapitre de l'**opuscule** (m.)...

Nous n'avons jamais l'impression d'assister au vrai **travail** de création théâtrale.

Le poème a coûté à Valéry quatre ans de **travail**.

(body of) Il a laissé une œuvre théâtrale considérable.

work of art

Ce livre demeure par l'objectivité absolue du romancier, par la mesure des proportions, par l'unité du sujet, par la force cachée des passions, l'**œuvre d'art** la plus achevée.

« Une **œuvre d'art** n'est supérieure que si elle est, en même temps, un symbole et l'expression exacte d'une réalité. » —Maupassant

« Une **œuvre d'art** est un coin de la création vu à travers un tempérament. » —Zola

L'**œuvre d'art**, pour Baudelaire, c'est un rêve qui se réalise.

work on

Il y **travaillait à** un long roman.   (travailler à)

Nul n'a plus **travaillé** ses manuscrits que Pascal.

worn-out   [> trite]

Comment faire du neuf avec des rimes **usagées**?

worst

Ces dramaturges représentent le théâtre contemporain à son **pis**.

worth   [> value]

Son influence surpassa sa **valeur**.

worthy

Nous étions fiers d'admirer un grand écrivain et des comédiens **dignes** de lui.

C'est une œuvre **de mérite**.

write

Ecrire un roman, c'est exister ailleurs par l'imagination.

« Il faut tout **écrire** au courant de la plume sans chercher les mots. » —Sartre

« Il me faut **écrire** comme il me faut nager parce que mon corps l'exige. » —Camus

writer   [> author]

L'**écrivain** (m.) crée, l'historien explique, le critique juge.

« Car à quoi sert l'**écrivain**, si ce n'est à tenir des comptes? » —Claudel

« Un **homme de lettres** est tel qu'un terrain où des fouilles sont entreprises; il est toujours, à la lettre, bouleversé et à ciel ouvert. » —Mauriac (born)   Un écrivain de race est d'abord un monsieur qui écrit avec ses nerfs.

(professional)   C'est le premier exemple d'un grand écrivain qui fasse de son talent un moyen d'existence régulier.

(woman)   La plupart des femmes écrivains écrivent comme les hommes.

writing

« Ecrire, c'est se laisser faire par l'**écriture** (f.). »   —Duras

L'erreur de la nouvelle **littérature**, c'est de s'ingénier à compliquer le style pour renouveler la vision.

« Bien **écrire**, c'est à la fois bien penser, bien sentir et bien rendre; c'est avoir en même temps de l'esprit, de l'âme et du goût. »   —Buffon

« Le devoir et la tâche d'un écrivain sont ceux d'un traducteur. »   —Proust

writings

Ses **écrits** sont marqués par l'enthousiasme.

Sa découverte des **écrits** de Freud...

wrong

(a.)   Il est souvent plus facile de montrer qu'une interprétation est **fausse** que de proposer la bonne.

y

youth

Il a sur la **jeunesse** la plus dangereuse influence.

Il connaît un succès particulièrement vif auprès des **jeunes** (m.).

Ce qu'il y a de plus triste quand on vieillit, disait Wilde, c'est qu'on reste jeune.

Z

zest

C'est une histoire qui manque de **saveur** (f.).

zeugma

Le **zeugma** est une construction qui consiste à rattacher grammaticalement deux ou plusieurs noms à un adjectif ou à un verbe qui, logiquement, ne se rapporte qu'à l'un des noms: « prêter l'œil et l'oreille ».

La phrase contient un **zeugma**.

Tous les **zeugmas** ne sont pas également heureux.

Adjectives based on proper names

Apollinaire (1880–1918)	un détail apollinarien
Apollon (divinité grecque)	une conception apollinienne
Aristote (384–322 av. J.-C.)	les trois unités aristoteliciennes
d'Aurevilly (1808–1889)	l'imagination aurevillienne
Aymé (1902–1968)	des situations ayméennes
Balzac (1799–1850)	l'école balzacienne
Barrès (1862–1923)	la thèse barrésienne
Baudelaire (1821–1867)	le génie baudelairien
de Beauvoir (1908–)	l'œuvre beauvoirienne
Beckett (1906–)	les couples beckettiens
Bergson (1859–1941)	la morale bergsonienne
Bernanos (1888–1948)	les études bernanosiennes
Bossuet (1627–1704)	la majesté bossuétienne
Brecht (1898–1956)	le drame brechtien
Byron (1788–1824)	le ton byronien
Calvin (1509–1564)	le style calvinien
Camus (1913–1960)	la pensée camusienne
Céline (1894–1961)	un ton célinesque
Cervantes (1547–1616)	le réalisme cervantin
Cicéron (106–43 av. J.-C.)	la pompe cicéronienne
Claudel (1868–1955)	un drame claudélien
Corneille (1606–1684)	le héros cornélien
Dante (1265–1321)	la terminologie dantesque

Darwin (1809–1882)	l'évolutionisme darwinien
Descartes (1596–1650)	une tendance cartésienne
Duhamel (1884–)	la recherche duhamélienne
Faulkner (1897–1962)	le personnage faulknérien
Fénelon (1651–1715)	le style fénelonien
Flaubert (1821–1880)	la doctrine flaubertine; le génie flaubertien
Freud (1856–1939)	la critique freudienne
Gide (1869–1951)	une phrase gidienne
Giono (1895–)	les procédés gionesques
Giraudoux (1882–1944)	une déformation giralducienne
Goethe (1749–1832)	un écrivain goethéen
Green (1900–)	le drame greenien
Hartmann (1842–1906)	un schéma hartmannien
Hegel (1770–1831)	la dialectique hégélienne
Heraclite (576–480 av. J.-C.)	le cycle héraclitéen
Hugo (1802–1885)	le lyrisme hugolien
Ibsen (1828–1906)	le drame ibsénien
Joyce (1882–1941)	un artifice joycien
Lamartine (1790–1869)	des effusions lamartiniennes
Lanson (1857–1934)	la méthode lansonienne
Leibniz (1646–1716)	l'harmonie leibnizienne
Louis XIV (1638–1715)	la cour louisquatorzienne
Maeterlinck (1862–1947)	un procédé maeterlinckien
Malherbe (1555–1628)	la poésie malherbienne
Mallarmé (1842–1898)	une entreprise mallarméenne
Marot (1496–1544)	le style marotique
Marx (1818–1883)	une conception marxiste
Mauriac (1885–)	la musique mauriacienne
Maurois (1885–1967)	des biographies mauroissiennes
Molière (1622–1673)	la tradition molièresque
Napoléon (1769–1821)	la dynastie napoléonienne
Nerval (1808–1855)	le style nervalien
Nietzsche (1844–1900)	la doctrine nietzschéenne
Ovide (43 av. J.-C.–16 apr. J.-C.)	des personnages ovidiens
Pascal (1623–1662)	au sens pascalien du mot
Pindare (521–441 av. J.-C.)	des odes pindariques; le ton pindaresque
Pirandello (1867–1936)	un thème pirandellien

Platon (429–347 av. J.-C.)	une élite platonicienne
Proust (1871–1922)	une perspective proustienne
Quevedo (1580–1645)	un réalisme quévédesque
Rabelais (1490?–1553)	les plaisanteries rabelaisiennes
Racine (1639–1699)	les études raciniennes
Renan (1823–1892)	le dilettantisme renanien
Rimbaud (1854–1891)	une évocation rimbaldienne
Robbe-Grillet (1922–)	un procédé robbegrilletien
Roland (héros épique)	la tradition rolandienne
Ronsard (1524–1585)	l'Olympe ronsardien
Rousseau (1712–1778)	des conclusions rousseauistes
Sagan (1935–)	l'atmosphère saganesque
Saint-Exupéry (1900–1945)	un thème saint-exupérien
Saint-Simon (1675–1755)	l'œuvre saint-simonienne
Sartre (1905–)	un personnage sartrien
Shakespeare (1564–1616)	la paire shakespearienne
Stendhal (1783–1842)	un personnage stendhalien
Swedenborg (1688–1772)	le rêve swedenborgien
Swift (1667–1745)	la tradition swiftienne
Valéry (1871–1945)	l'œuvre valéryenne (valérienne)
Verlaine (1844–1896)	la mélancolie verlainienne
Virgile (70–19 av. J.-C.)	la cellule virgilienne
Voltaire (1694–1778)	le style voltairien
Wagner (1813–1883)	une invocation wagnérienne

Bibliography

Abrams, M. *A Glossary of Literary Terms*. New York: Holt, 1963.

Barnet, S., *et al*. *A Dictionary of Literary Terms*. London: Constable, 1964.

Bessy, M., and Chardins, J.-L. *Dictionnaire du cinéma et de la télévision*. Paris: Soc. Fr. des Presses Suisses, 1965.

de Boisdeffre, P. *Dictionnaire de littérature contemporaine 1900–1962*. Paris: Editions Universitaires, 1962.

Braun, S., ed. *Dictionary of French Literature*. New York: Philosophical Library, 1958.

Chassang, A., and Senninger, C. *La Dissertation littéraire générale*. Paris: Hachette, 1955.

Cressot, M. *Le Style et ses techniques*, 4th ed. Paris: Editions Universitaires, 1959.

Galliot, M. *Commentaires de textes français modernes*. Paris: Didier, 1968.

Harvey, P. and Heseltine, J. *The Oxford Companion to French Literature*. Oxford: Clarendon, 1959.

Hibbard, A., and Thrall, W. *A Handbook to Literature*, rev. C. H. Holman. New York: Odyssey, 1960.

Michaud, G. *L'Oeuvre et ses techniques*. Paris: Nizet, 1957.

Scott, A. F. *Current Literary Terms*. New York: Macmillan, 1965.

Suberville, J. *Histoire et théorie de la versification française*, 2nd ed. Paris: Ecole, 1956.